DÉPARTEMENT DE LA SEINE

DIRECTION DES AFFAIRES DÉPARTEMENTALES

ÉTAT DES COMMUNES

A LA FIN DU XIXᵉ SIÈCLE

publié sous les auspices du Conseil Général

BAGNOLET

NOTICE HISTORIQUE

ET

RENSEIGNEMENTS ADMINISTRATIFS

MONTÉVRAIN

IMPRIMERIE TYPOGRAPHIQUE DE L'ÉCOLE D'ALEMBERT

1902

BAGNOLET

MONOGRAPHIES

En vente :

ÉPINAY	L'HAŸ
PIERREFITTE	LES LILAS
STAINS	ROSNY-SOUS-BOIS
VILLETANEUSE	NOISY-LE-SEC
ORLY	AUBERVILLIERS
DUGNY	CHATENAY
ANTONY	L'ILE-SAINT-DENIS
LE BOURGET	BAGNEUX
THIAIS	CHEVILLY
RUNGIS	PANTIN
FRESNES	CHATILLON
DRANCY	ARCUEIL-CACHAN
LE PLESSIS-PIQUET	MALAKOFF
VILLEMOMBLE	ALFORTVILLE
BONDY	FONTENAY-aux-ROSES
GENNEVILLIERS	VANVES
ROMAINVILLE	VILLEJUIF
BOURG-LA-REINE	BRY-SUR-MARNE
LA COURNEUVE	SAINT-OUEN
BOBIGNY	CHOISY-LE-ROI
SCEAUX	BAGNOLET
BONNEUIL-sur-MARNE	

Sous presse :

ASNIÈRES	CHARENTON-LE-PONT

En préparation :

SAINT-DENIS	FONTENAY-SOUS-BOIS
CRÉTEIL	LE PRÉ-SAINT-GERVAIS

DÉPARTEMENT DE LA SEINE

DIRECTION DES AFFAIRES DÉPARTEMENTALES

ÉTAT DES COMMUNES

A LA FIN DU XIXe SIÈCLE

publié sous les auspices du Conseil Général

BAGNOLET

NOTICE HISTORIQUE

ET

RENSEIGNEMENTS ADMINISTRATIFS

MONTÉVRAIN

IMPRIMERIE TYPOGRAPHIQUE DE L'ÉCOLE D'ALEMBERT

1902

NOTICE HISTORIQUE

BAGNOLET[1]

Anciennement, communauté de la Généralité et de l'Élection de Paris, paroisse du doyenné de Chelles.

De 1787 à 1790, municipalité du département de Saint-Germain, arrondissement de Saint-Denis.

De 1789 à l'an IX, commune du district de Saint-Denis (supprimé par la constitution de l'an III) et du canton de Belleville.

De l'an IX à 1893, commune de l'arrondissement de Saint-Denis et du canton de Pantin.

Maintenue à ce canton par la loi du 12 avril 1893.

1. Il n'existe en France d'autre localité portant une dénomination à peu près identique à celle-ci, que le hameau des Bagnolets, dépendant de la commune du Theil, au département de l'Allier, mais, comme nous le disons à la page suivante, il faut, étymologiquement, rattacher ce nom à la famille des localités très nombreuses dénommées Bagneux, Bagnols, Bagneaux, Baigneaux, etc., etc.

I. — FAITS HISTORIQUES

Les arguments que l'on met en avant pour expliquer l'origine du nom de Bagneux s'appliquent aussi bien à l'étymologie du nom de Bagnolet qui est un diminutif de la forme Bagneux. Nous avons dit, à propos de ce dernier, qu'il venait de *balneolum* et signifiait un endroit où il y a eu des bains, ou un lieu situé dans le voisinage d'eaux minérales. Bagnolet, du latin *balneoletum*, diminutif de *balneolum*, doit son nom aux mêmes circonstances. Ce n'est pas le sentiment de l'abbé Lebeuf qui, dans son savant ouvrage de l'avant-dernier siècle, a voulu expliquer le nom des deux localités par ce fait qu'elles étaient l'une et l'autre à la limite de la banlieue, du ban de Paris et a proposé, par suite, une expression latine dont *bannus* serait le radical, mais c'est la première explication qui est la bonne.

L'agglomération de la commune occupe une dépression de terrain, orientée du Nord au Sud, et qui de ce dernier côté seulement se continue en plaine, car, des trois autres parts, les collines de Charonne, des Lilas et de Malassis semblent l'enfermer comme des murailles. Il en résulte un aspect assez inattendu aux portes de Paris, aspect plus pittoresque qu'avantageux pour la circulation, mais aussi une situation très propice pour l'une des principales ressources du pays, qui est la culture des pêches dites, un peu à tort, de Montreuil.

Bien que sa dénomination indique une origine romaine, Bagnolet n'apparaît que tard dans l'histoire : pas avant le temps de saint Louis, dans des titres des abbayes de Saint-Maur et de Saint-Denis, qui y possédaient des fiefs, et, par suite, une part de seigneurie. C'est ainsi qu'en 1263 est mentionné dans un document de l'abbaye de Saint-Maur, connu par l'abbé Lebeuf, un fief situé entre Romainville et le Bois-Bagnolet : *feodus situs inter Romanam villam et boscum Baignolet.* Ce Bois-Baignolet est, à n'en pas douter, le lieu qui, dénommé plus tard les Brières ou les Bruyères, fait aujourd'hui partie de la commune des Lilas.

Le territoire de Bagnolet était ainsi morcelé entre divers seigneurs, sans compter que, comme faisant partie de la banlieue de Paris, il relevait de la juridiction du prévôt de Paris, c'est-à-dire du Châtelet. En cette qualité, Hugues Aubriot, prévôt de Paris, rendit sur la justice du lieu, le 22 décembre 1369, une sentence qui fut confirmée par arrêt du 10 mai 1371. En voici le texte :

A tous ceulx qui ces presentes lettres verront, Hugues Aubriot, garde de la prévosté de Paris, salut. Comme plaist feust meu en jugement ou Chastellet de Paris entre religieuses et honnestes personnes le prieur et couvent de Saint Martin des Champs ou leur procureur pour eulx, d'une part, et le procureur du Roy nostre sire et religieuses personnes et honnestes les prieur, frères et sœurs de Sainct-Ladre lez Paris, et Nicolas Allory, bourgeois de Paris pour tant comme à chascun touche, ou leursdicts procureurs pour eulx disoient et maintenoient que iceulx de Sainct Ladre et Nicolas à chascun pour certaine porcion et pour indivis entre eulx, tant par eulx et par leurs gens comme par leurs devanciers dont ils avoient cause, avoient esté et estoient en en bonne saisine et possession de avoir, tenir et posseder en la ville de Baignollet en et sur plusieurs lieux justice et seigneurie moienne et basse, especialment sur Guillaume de la Pierre, Jehan de la Varenne, Jehan Contonnier, dit l'Aumosnier, Robin de Vannes, Pierre Prevost et Geoffroy de la Porte, en et sur les lieux, hostels et masures où ils demouroient et sur chascun d'iceulx, et en saisine et possession de avoir, prendre et recevoir chascun an certains cens et redevances en et sur lesdicts hostels et masures et sur chascun d'iceulx et de eulx en faire paier chascun an et de avoir à ladicte ville maire et sergent pour garder et exercer leur juridiction et seigneurie, et de y faire faire tous exploiz qui appartenoient à faire à telle justice et seigneurie comme ilz avoient en ladicte ville de Baignollet et mesmement en et sur lesdicts lieux et sur chascun d'iceulx seuls et pour le tout, de tenir leur dicte terre en et soubz la jurisdiction du Roy nostre sire qui auxdicts lieux avoit la haulte justice, et de estre gardez et deffenduz par le Roy nostre sire et par nous pour luy et par nos devanciers de toutes forces, injures et violances en leurdicte saisine et possession, et de sortir audict Chastellet par devant nous en cas d'appel et de ressort, sans moien, toutesfois que les cas y estoient escheuz ; et si nous en appartenoit le ressort et congnoissance du ressort à cause de nostre juridicion ordinaire car ladicte ville de Baignollet et toutes les appartenances, et mesmement les lieux dessusdicts estoient en et de la prevosté de Paris, voire en et de la banlieue, et que le Roy nostre sire par nous et par noz devanciers prevostz de Paris et par ses sergens et officiers avoit esté et estoit en saisine et possession de avoir et exercer en ladicte ville de Baignollet, en la terre que lesdicts de Saint Ladre et Nicolas y avoient, et mesmement ès lieux dessus esclarciz et sur les personnes dessus nommées et sur chascun d'eulx toute haulte et moyenne justice, seul et pour le tout, toutesfois et quantes que les cas s'i estoient offers et offroient, et quant ad ce, il estoit fondé de droit commun par tout son royaume, à cause de sa souveraineté 1 .....

Finalement, le prévôt fit défense aux religieux de Saint-Martin-des-Champs de prolonger les « trouble, nouvelleté et empeschement » qu'ils avaient créés jusqu'ici à Bagnolet.

Les annales du village sont d'une rare pauvreté pour toute cette période du moyen âge. L'abbé Lebeuf a retrouvé des pièces établissant qu'en 1384, Charles VI donna à Guillaume, puis à Pierre de la Trémoille la terre des Bruyères et une maison voisine, nommée la Folie-Nicolas Guépié, confisquées sur Jean Desmares, avocat au Parlement, qui avait eu la tête tranchée à la suite de l'insurrection des Maillotins en 1382. On sait par le même auteur qu'en 1412, Isabeau de Bavière acquit de Pierre des Essarts, moyennant quatre mille livres tournois, un hôtel situé à Bagnolet du côté de Romainville.

A la date du 15 décembre 1427, le duc de Bedfort, régent du royaume de France pour le roi d'Angleterre, était à Bagnolet. Le *Journal d'un bourgeois de Paris* rapporte que ce jour-là on amena devant lui le sire Sauvage de Frémonville, qui venait d'être fait prisonnier dans le château de l'Ile-Adam, et que le régent l'envoya « hastivement au gibet », mais le chroniqueur ne dit pas explicitement si l'exécution eut lieu à Bagnolet même ou à Paris.

Au XVIe siècle, Bagnolet eut pour hôte le cardinal du Perron, dont le rôle est célèbre pour avoir négocié la réconciliation de Henri IV avec l'Église catholique. Sa maison existe encore, au centre du village, portant le n° 37 de la rue Sadi-Carnot (ancienne grande rue) ; il n'y a pas longtemps qu'un badigeonnage a fait disparaître les armoiries du cardinal, sculptées au fronton de l'édifice ; l'écusson ovale qui les contenait subsiste seul.

Avec le XVIIe siècle, commence pour le bourg une époque plus brillante ; il s'y trouvait trois domaines seigneuriaux : le château de Bagnolet proprement dit, celui des Bruyères,— ou plus exactement des Brières, — et celui de Malassis, le moins important des trois. On a souvent dit que le sentiment des charmes de la vraie nature manquait aux gens du temps de Louis XIV ; il faut pourtant admettre que ce sentiment avait guidé les châtelains de Bagnolet dans le choix de domaines appartenant à une région dont le mérite,

1. Arch. nat., Livre vert neuf du Châtelet, Y. 6¹, fol. 28 rᵉ-38 rᵉ.

alors surtout, était d'être d'un accès aussi pittoresque que difficile. C'était miracle que les brillants carrosses circulant parmi les rues étroites du village n'y rompissent par leurs essieux.

Jacques Lemercier, mort en 1624, avait reconstruit l'humble église. S'il a mérité d'être nommé par Sauval le premier architecte du siècle, on doit convenir que ce ne saurait être à cette construction qu'il dut un titre aussi flatteur, mais bien plutôt à la part qu'il prit dans l'édification de l'église de l'Oratoire de Paris, et surtout de la façade septentrionale de la cour carrée du Louvre.

Modeste dans son extérieur, la paroisse de Bagnolet ne l'était pas moins dans ses revenus ; en 1639, ils ne s'élevaient qu'à 24 livres (Bibl. nat., ms. franç. 18808). Le casuel dut devenir un peu meilleur dans la seconde moitié du siècle. Les registres de baptêmes, mariages et sépultures dont la collection, à la mairie, remonte à 1672, attestent que d'importantes cérémonies se célébraient parfois à l'église : 18 août 1672, mariage de Gabriel de Laval avec damoiselle Renée-Barbe de la Forterie ; — 25 mai 1673, mariage de messire Marc-Antoine Salladin d'Anglure, marquis de Bellay, avec damoiselle Marie-Jeanne de Rouville ; — 26 février 1677, mariage de messire Louis de Béthune, marquis de Chabris, avec dame Élisabeth du Grippon, veuve du marquis de Monime ; — 15 juin 1717, baptême de Marie-Louise, fille de haut et puissant seigneur Louis-Alain de Bretagne, Rohan-Chabot, prince de Léon, seigneur des Brières, et de Françoise de Roquelaure, née la veille au château des Brières, paroisse de Bagnolet ; — 28 août 1742, bénédiction de la grosse cloche nommée Marie-Françoise par Marie-Françoise de Bourbon, duchesse d'Orléans, dame de Bagnolet, et par son fils Louis d'Orléans, gouverneur du Dauphiné ; le même jour, bénédiction de « la grosse moyenne cloche », nommée Louis par les mêmes.

La duchesse d'Orléans et son fils, que nous venons de nommer, possédaient le château de Bagnolet depuis de longues années déjà. La date précise de leur acquisition n'est pas aisée à retrouver ; il faut, du moins, la placer entre 1709, — année où se fit le mariage (16 avril), dans la chapelle du château de M. Le Juge, de messire Charles d'Averdoing, conseiller au Parlement, avec damoiselle Françoise Moignac, — et 1727, année dont est daté le très beau plan terrier, conservé à la mairie, « de l'étendue de la parroisse, terre et seigneurie de Bagnollet, appartenant à S. A. Royalle Madame Marie-Françoise de Bourbon, princesse du sang, petite-fille de

France, veuve de S. A. Royalle Mgr le duc d'Orléans ». Les nouveaux hôtes du château, qui l'avaient acquis de M. Le Juge, transformèrent le domaine par une série d'agrandissements et d'édifices nouveaux. Pour se rendre compte de l'étendue qu'il occupait, il faut faire abstraction des fortifications de Paris, et, dans Charonne, suivre la rue de Bagnolet jusqu'à celle des Balkans. Là était la limite occidentale du domaine. Le château s'élevait sur l'emplacement de l'hospice Debrousse, qui en a conservé un coquet pavillon ; le parc se prolongeait dans la direction du village et vers Montreuil, limité au Nord par les rues de Paris et de Vincennes, à l'Est par l'avenue du Centenaire ; au Sud, par la rue du Bel-Air, autant qu'il est possible d'indiquer, par des chemins nouveaux, d'anciennes limites.

Le duc d'Orléans aimait beaucoup la chasse, et cela au grand détriment des cultivateurs, ses vassaux, s'il faut en croire une aimable anecdote rapportée par La Bédollière dans son *Histoire des environs de Paris* (p. 185). Un jour, le duc, désireux de poursuivre le lapin sans entraves, donna l'ordre aux habitants qui possèdent des vignes de les arracher et leur interdit d'en planter d'autres. Pour ces pauvres gens, c'était la ruine ; aussi tous refusent d'obéir. Furieux, le seigneur envoie des gens faire eux-mêmes l'opération. Tout à coup, le tocsin sonne et met sur pied le village entier : les Bagnolaisiens, armés de leurs instruments aratoires, courent sus à l'ennemi et le mettent en déroute ; mais, le lendemain, plusieurs d'entre eux, qui s'étaient signalés comme les plus ardents, sont mis en prison, en même temps que le curé, rendu responsable d'avoir fait sonner le tocsin, est mandé au château. Le prêtre revendique la responsabilité de son acte : « Ma vie est entre vos mains, dit-il, faites-en ce que vous voudrez, mais vous ne pourrez jamais me faire commettre une telle lâcheté ; c'est moi-même qui les ai poussés à défendre leur bien, c'est moi qui ai sonné l'alarme. » Il paraît que ce langage énergique donna à réfléchir au duc et l'affaire n'eut pas de suites. La Bédollière ajoute : « Quant au vénérable pasteur qui prenait ainsi la défense des opprimés contre le seigneur lui-même, nous sommes heureux de pouvoir arracher son nom à l'oubli en le publiant ici : c'était l'abbé René Loyau, qui fut curé de Bagnolet de 1706 à 1755. » Sauf une légère inexactitude de date, le fait est réel et donne de l'authenticité à un récit que l'on aimerait tenir d'un contemporain. René Loyau était, en effet, curé de Bagnolet depuis 1706 ; il avait succédé dans ces fonctions à son oncle, Jacques Loyau, qui mourut le 13 février 1711, à l'âge de 78 ans, et fut inhumé le surlendemain dans l'église devant le grand autel. Quant à René Loyau, il mourut le 10 décembre 1754, à l'âge de 83 ans, et fut inhumé le surlendemain, 12, dans le chœur de l'église. Son acte d'inhumation porte qu'il était ancien chapelain de Notre-Dame de Paris, et doyen rural du doyenné de Chelles. Ses obsèques furent entourées d'une certaine pompe ; l'acte mentionne que les curés des paroisses voisines y assistèrent : Pierre-Antoine de Laval, curé de Fontenay-sous-Bois ; Claude Bigot, curé de Romainville ; Laurent Dutartre, curé de Pantin ; Guillaume-Jacques Bourdin, curé de Vincennes.

Pour en finir avec les curés de Bagnolet, disons que René Loyau eut pour successeurs, jusqu'à la Révolution, l'abbé Dupuis (1755-1765) ; l'abbé Machet, de 1765 au 20 janvier 1791 ; l'abbé Poulet, du 3 avril 1791 au 15 octobre 1792, — l'intérim de janvier à avril 1791 ayant été fait par l'abbé Féchoz, vicaire de Noisy-le-Sec.

Personne n'ignore que la principale fortune de Bagnolet consiste dans la culture des pêchers en espaliers, dits généralement pêchers de Montreuil. On a beaucoup disputé sur le point de savoir si cette culture avait pris naissance à Montreuil ou à Bagnolet, et à quelle date. Questions à peu près insolubles, d'ailleurs. Pour l'une d'elles, celle du lieu, il est permis de supposer qu'il y eut simultanéité, et que les premiers espaliers apparurent en même temps sur les coteaux et dans les clos communs aux deux bourgs ; quant à la date, le plus ancien registre d'état civil de Montreuil, qui remonte à 1535, mentionne déjà des cultivateurs de pêches, ainsi que l'a constaté M. Carrière dans son intéressant livre sur *Montreuil aux Pêches* (Voy. à la Bibliographie).

L'abbé Lebeuf a donc eu tort d'avancer l'assertion suivante : « C'est à Bagnolet qu'on a d'abord pratiqué la nouvelle manière de multiplier les pêches et de les faire meurir par une concentration de chaleur. M. Girardot, ancien mousquetaire du Roi, n'avoit environ qu'un arpent de jardin à Bagnolet pour des espaliers de pêchers. Il fit faire plusieurs murs et contre-murs dans l'intérieur, ce qui produisit de très bons fruits et en très grande quantité. Cet usage s'est depuis, étendu à Montreuil et ailleurs. »

Les recherches très complètes de M. Carrière sur Girardot et la culture des pêches à Bagnolet remettent les choses au point. Edme Girardot, premier du nom, ne faisait de la culture qu'en amateur, comme élève d'un des jardiniers du roi, La Quintinie. C'est lui qui, dit-on, fit porter au château de Chantilly, un jour que le prince de Condé y traitait Louis XIV, un panier de pêches magnifiques avec cette simple mention : *Pour le dessert du roi.* Le roi en fut à la fois émerveillé et intrigué ; il désira connaître l'auteur du présent, et La Quintinie eut assez de crédit pour lui présenter Girardot, dont la fortune fut ainsi assurée. Un des fils de Girardot, René-Claude, s'appliqua par la suite à la culture des pêches de Bagnolet et les rendit tout à fait célèbres. Le terrier de la seigneurie, dressé en 1727, et dont nous avons déjà parlé, figure le « clos de M. Girardot le jeune », à l'entrée de la « grande rue de Bagnollet » (aujourd'hui rue Sadi-Carnot), en face de la rue de Ménilmontant. La propriété existe encore.

Jusqu'aux dernières années de l'ancien régime, le hameau de Ménilmontant dépendait de la paroisse de Bagnolet. Il en fut détaché vers 1770 pour être réuni à la paroisse de Belleville. Les habitants y étaient peu nombreux, d'ailleurs, car presque tout le territoire était occupé par le château et le parc des Lepelletier de Saint-Fargeau qui s'y étaient installés vers le milieu du XVII\ :sup:`e` siècle.

On raconte qu'au moment où commença la Révolution, il y avait à Bagnolet un jardinier fleuriste, du nom de Chevet, qui cultivait exclusivement les roses et en avait créé quelques espèces nouvelles, parmi lesquelles la *Chevette* qu'il était allé offrir spécialement à M\ :sup:`me` de Lamballe. Quand la famille royale fut enfermée au Temple, Chevet s'efforça de faire parvenir quelques roses à la reine. Cela lui valut, peu après, d'être arrêté comme suspect, et traduit devant un commissaire de section qui lui tint ce langage : « C'est toi qui as inventé une rose qui porte ton nom, et que tu destines à parfumer les ci-devant ? — Oui. — Eh bien ! je te nomme exécuteur des hautes œuvres à Bagnolet ; tu y guillotineras toutes les roses, et à la place tu planteras des pommes de terre ; c'est là ce qu'il faut au peuple, et non des roses. » Le pauvre jardinier n'avait qu'à obéir, heureux de s'en tirer à si bon compte. Il transforma son terrain, réussit dans la culture maraîchère aussi bien que dans celle des fleurs, et, pour vendre ses produits, prit en location au Palais-Royal une échoppe qui devint l'origine d'une maison de comestibles universellement célèbre durant tout le XIX\ :sup:`e` siècle.

Le cahier des doléances aux États généraux de la communauté des habitants de Bagnolet fut rédigé le 27 avril 1789 ; il ne comprend pas moins de trente-sept articles, dont la plupart ont trait à l'administration générale du royaume. Nous ne mentionnerons ici que ceux qui ont un caractère local : suppression des capitaineries, « qui sont le fléau des campagnes, sauf néanmoins celles nécessaires aux plaisirs du souverain et fixées à quatre lieues de l'arrondissement de son séjour, et en indemnisant les cultivateurs qui se trouveraient exposés au dégât du gibier » (art. 13) ; — demander qu'il soit défendu aux seigneurs de chasser dans les clos et dans les terres ensemencées depuis le 15 avril jusqu'à la moisson et aux vendanges (art. 15) ; — démolition des colombiers (art. 16) ; — suppression du dépôt de mendicité de Saint-Denis, « ou au moins une meilleure administration, afin que le pauvre ne puisse y être confondu avec les scélérats, vagabonds et gens sans aveu » (art. 27) ; — modifications à apporter aux droits sur l'entrée des vins à Paris, « de manière que les vins d'une qualité inférieure ne payent pas autant que les vins d'une qualité supérieure » (art. 31) ; — suppression des droits d'entrée aux barrières de Paris sur toute espèce de raisins (art. 32) ; — suppression de la taxe pour l'enlèvement des boues de Paris (art. 34) [1].

Durant la Révolution, le château de la famille d'Orléans fut vendu comme bien national et démoli en grande partie ; le parc environnant fut déboisé et loti. Quant au château des Brières, sa déchéance n'avait pas attendu jusque-là. Vers 1760, le prince de Rohan-Chabot l'avait vendu, au prix de 83.000 livres, à un industriel, le sieur Corbé, couvreur, qui tira parti de ses matériaux par la destruction. A cette date, dit l'abbé Lebeuf, témoin oculaire, il en restait encore l'orangerie et une chapelle couronnée d'un clocher où les Pénitents de Belleville disaient la messe certains jours.

Le plus ancien registre de délibérations municipales contient, à la date du 28 pluviôse an IX (17 février 1801), en réponse à un questionnaire adressé par la nouvelle administration préfectorale, quelques renseignements sur la situation passée et présente de la commune :

Le 28 Pluviôse an 9. Le Conseil municipal de la commune de Bagnolet en vertu des ordres du préfet du Département de la Seine en date du 8 pluviose dernier, le Conseil ayant examiné les comptes du citoyen Renard, maire actuel de la commune et nous ayant justifié qu'il n'avait fait aucune recette jusqu'au premier Vendémiaire dernier, mais seulement une légère dépense de 82 francs qu'il portera dans le 1ᵉʳ compte qu'il rendra.

1. *Archives parlementaires*, t. IV, pp. 329-332.

A l'égard des autres objets contenus dans la lettre du préfet du 8 Pluviose et après une même délibération il ne peut que faire ses réponses suivantes sur chacun des dits objets.

1ᵉ La commune de Bagnolet ne possède point d'affouages ny patures ny récoltes en fruits.

2ᵉ Il y avait, avant 1790, un hospice et deux sœurs qui y étaient logées dans une maison appartenant à la commune, elles faisaient les fonctions de dames de charité, donnant tous leurs soins aux malades indigents, leur fournissaient des médicaments, du linge et tout autre secours, elles étaient aussi chargées de l'éducation de la jeunesse. Leur mobilier, qui était assez considérable, a été vendu par le district de Franciade.

La maison a été vendue par le Département beaucoup au dessous de sa valeur.

3ᵉ Il y avait une rente de 1.000 francs qui n'a pas été touchée depuis 1793 ; la commune l'a reçue jusqu'à cette époque mais depuis, le district de Franciade a demandé le titre, qui doit être au Département.

Cette rente était constituée pour secourir les indigents de la commune.

Il y avait, en outre, une rente annuelle de 50 francs, sur laquelle rente il était parlé d'une somme de 37 fr. 50 pour servir à l'habillement des pauvres et le surplus pour payer un service selon l'intention du législateur.

4ᵉ Il y avait une petite maison qui servait pour l'instruction des enfants et qui a été vendue aussi par le Département.

Notre commune qui avait des propriétés avant 1790 plus que suffisantes pour soulager ses pauvres se trouve réduite dans ce moment à n'avoir aucune resource pour les secourir. N'ayant aucune propriété, elle n'a par conséquent aucuns produits, point de fermier ni de contestation pour ses recouvrés par la même raison qu'il n'y a point de propriétés point de travaux n'y réparations.

5ᵉ Les besoins particuliers ne sont que pour le soulagement des pauvres dont la bienfaisance des gens aisés n'est pas suffisante pour leur donner des secours, même les plus urgents.

Les sols additionnels sont à peine suffisants pour subvenir aux frais communaux.

6ᵉ Le cimetière fermé de murs est séparé des maisons et ne peut être nuisible à personne.

7ᵉ A l'égard du secrétaire, le conseil a été d'avis de n'en point nommer pour éviter les frais, un de nos membres veut bien s'en charger provisoirement.

Enfin, l'instituteur de notre Commune n'a point de gages, ce sont les pères et mères qui payent les instituteurs par une rétribution chaque mois mais nous observons que les indigents chargés de famille ne peuvent pas les faire instruire et si la commune avait une des maisons dont elle était propriétaire, on l'obligerait au moyen du logement de recevoir les dits enfants sans rétribution.

Les renseignements font défaut pour la période du premier Empire, pendant laquelle la commune eut pour maire Baudon, comte d'Issoncourt.

L'invasion de 1814 fut fatale aux habitants de Bagnolet. C'est en grande partie sur leur territoire que se livra cette héroïque bataille du 30 mars où les Parisiens, massés sur les hauteurs de Belleville et de Ménilmontant, défendirent si courageusement, mais, hélas ! sans succès, les portes de leur cité.

A la suite de ces douloureux événements, le Conseil municipal prit la délibération suivante:

Le Conseil municipal, vu les malheurs qui sont arrivés à la commune de Bagnolet, qui a été le théâtre de la bataille du 30 mars dernier [1814] et du pillage qui a été exercé pendant dix jours dans ses foyers, joint aux réquisitions et fournitures sans nombre qui ont eu lieu pendant deux mois soit aux troupes qui y ont séjourné ainsi que des débris de l'armée, sollicite de Sa Majesté qu'elle daigne prendre en considération la situation pénible des habitants et se faire rendre compte des pertes qu'elle a éprouvées lesquelles ont été constatées par le commissaire chargé de cette vérification. Il sollicite le remboursement de ces pertes, la situation dans laquelle elle s'est trouvée, vu la bataille livrée dans ses murs lui méritant un secours particulier.

Les annales historiques de la commune durant le reste du XIXe siècle n'offrent qu'un bien pauvre intérêt. Les habitants ne se laissaient guère distraire des soins de leurs travaux agricoles par le bruit des événements historiques qui agitaient Paris. La proposition d'ouvrir une souscription en 1821 pour offrir le domaine de Chambord au jeune duc de Bordeaux ne trouva que fort peu d'écho auprès d'eux ; le Conseil municipal déclara n'avoir pas de fonds disponibles à cet effet, et les dons volontaires n'atteignirent que 10 francs, détaillés ainsi qu'il suit au registre des délibérations : le maire, 3 francs ; deux conseillers, chacun 2 francs ; le curé, 2 francs ; un membre de bureau de bienfaisance, 1 franc.

Quant à la révolution de 1830, elle passa inaperçue, au moins à la mairie. Il n'est question de celle de 1848 que parce que, les 23, 24 et 25 février, la commune eut à rembourser 47 fr. 50 de pain qu'avait fourni malgré elle la dame Joseph, tenant un dépôt de pain au hameau des Bruyères, et 39 fr. 50 au sieur Saunier, aubergiste, « pour nourriture et hébergement donnés à des ouvriers passant et à des soldats ».

En revanche, le 14 octobre 1852, le Conseil émettait le vœu que « le Sénat, s'inspirant des grands intérêts de la France, assure et perpétue par des moyens légaux le pouvoir impérial dans les mains de Louis-Napoléon, le sauveur de la Patrie ».

Si l'on s'en tenait, pour la succession des événements historiques, aux renseignements que peuvent fournir les registres de délibérations municipales, il faudrait dire que la guerre de 1870-

1871 a été ignorée de la municipalité de Bagnolet ; ces registres n'y font, en effet, pas la moindre allusion.

La série des délibérations, interrompue le 31 octobre 1870, reprend au 24 août 1871 sans que rien n'explique la douloureuse lacune. A la vérité, blotti comme il l'est au milieu des collines qui l'entourent, protégé par le front oriental des remparts de Paris, le village devait être fatalement épargné. Autant les invasions de 1814 et de 1815 lui avaient coûté cher parce qu'elles avaient pour conclusion l'entrée des ennemis dans Paris, autant l'invasion de 1870-1871 lui fut-elle relativement clémente. Combien peu de communes du département peuvent en dire autant !

Après avoir été longtemps privé, comme on le dira plus bas, de moyens de transport même rudimentaires, Bagnolet s'en est récemment vu doter, et en abondance. Deux lignes de tramways mécaniques sillonnent incessamment son territoire et vont vulgariser son nom dans les quartiers les plus centraux de la capitale, puisqu'elles le mettent en relation directe avec l'Opéra.

Récemment aussi, le bourg a eu l'honneur d'une visite de la Commission administrative du Vieux Paris. Du rapport qui a été fait sur cette visite par M. Tesson à la séance du 14 novembre 1901, nous croyons intéressant d'extraire les passages suivants et la conclusion qui en a résulté :

Il est à remarquer que toutes ces anciennes résidences princières occupaient les collines de l'Est de Paris, continuant les hauteurs de Belleville ; elles ont complètement disparu, sauf en ce qui reste du château dit de Bagnolet bâti par Le Juge, fermier général, et reconstruit grandiosement par le Régent ; l'on en voit encore dans Paris, rue de Bagnolet, un très curieux pavillon, avec une grille magnifique, qui dépend de l'hospice Debrousse. Un autre pavillon existe à Bagnolet ; il appartient certainement par son architecture aux parties primitives du domaine et remonte au commencement du XVIIe siècle ; il est occupé par une fabrique de cuir verni, et l'intérieur ne contient aucun vestige remarquable, si ce n'est quelques fragments en marbre d'une cheminée du XVIIe siècle qui sont déposés sans souci de conservation dans un coin du grenier.

Une visite faite à la mairie a permis d'admirer un fort beau terrier de Bagnolet, daté de 1727. C'est un magnifique document, admirablement conservé et en parfait état. Cet ouvrage a été établi peu de temps après que le Régent eut fait reconstruire le château ; une étude spéciale lui sera consacrée ultérieurement et sera présentée à la Commission ; c'est alors que l'on pourra établir les modifications des terroirs et des lieux dits, complètement bouleversés par le morcellement des propriétés seigneuriales.

L'église de Bagnolet n'a aucun caractère et ne présente pas le moindre intérêt. On y remarque seulement une *pieta* en bois sculpté, malheureusement trop réparée et surtout trop peinturlurée d'un vernis épais, qui provient de la chapelle du château des Bruyères.

La Commission a visité la grande carrière à plâtre en exploitation et a été frappée de l'aspect grandiose du travail en excavation. Les énormes piliers tournés provenant de la masse se trouvent alignés, ce qui donne à la carrière l'aspect d'un gigantesque temple ancien. L'entrée des cavages n'est pas moins impressionnante, surtout maintenant que les extractions à ciel ouvert ont cessé. On a pensé qu'il était utile de conserver des reproductions de l'aspect de ce coin, si voisin de Paris et si pittoresque, car les générations qui nous suivront et qui compteront des organisations semblables à celle de la Commission du Vieux Paris nous reprocheraient la lacune que nous pourrions laisser subsister dans les documents que nous rassemblons. Et c'est parce que l'on regrette de ne pas posséder de vues des anciennes carrières du Paris disparu, avec les détails de leur installation, qu'il importe d'être plus généreux pour ceux qui nous suivront et qui continueront nos travaux.

La délégation de la Commission a pu admirer chez M. Houdart, rue de Paris, dans une maison du XVIII* siècle, d'un caractère bien intéressant, un plafond traité dans le dernier genre de Boucher. C'est une œuvre de peinture dont l'examen ressortit à la compétence et aux attributions de la 3* Sous-Commission ; aussi la description en est-elle réservée.

Néanmoins, on peut noter que ce plafond, dans un état remarquable de conservation, n'est connu que depuis très peu de temps ; il était auparavant recouvert d'un épais badigeon et c'est certainement ce qui l'a sauvé au travers des vicissitudes qu'a traversées la salle qu'il décore : ancienne école, puis dépôt de futailles, enfin cellier.

Il existe encore à Bagnolet d'importants vestiges des adductions d'eau que comportaient les besoins des châteaux du pays et ceux des environs ; car, bien que le pays soit à une altitude élevée, l'eau y est facile à trouver, à cause du peu d'épaisseur du terrain qui surmonte les marnes vertes, abondantes dans ces régions.

Aussi, sans rechercher si le nom de Bagnolet vient comme on suppose de Balnoleum, tout comme Bagneux, l'on doit retenir que des pièces d'eau d'une certaine importance existaient sur toute l'étendue du coteau et que les principales, qui étaient la *grande Noue* et la *petite Noue*, étaient alimentées par le drainage du *marais de Villiers*, situé au point culminant du plateau.

Du reste, il n'y a pas encore si longtemps que la grande rue de Bagnolet avait, sur toute sa longueur, au milieu de la chaussée, un ruisseau par lequel coulait abondamment les eaux des sources du coteau, qui autrefois était soigneusement retenues au passage pour l'usage des demeures princières de la localité.

La Commission présente les conclusions suivantes :

1* Il sera pris trois photographies de la carrière à plâtre : une vue extérieure montant l'entrée des cavages et l'amphithéâtre dont l'exploitation est terminée ; une vue de l'intérieur des galeries fouillées ; une vue de l'entrée des cavages montrant les gros piliers tournés.

2* Une étude du terrier de 1727 sera faite par la 1** Sous-Commission.

3* La 3* Sous-Commission sera informée de l'existence du plafond récemment découvert et présentera un rapport à son sujet.

4° Des remerciements seront adressés à M. le maire de Bagnolet ainsi qu'aux personnes qui ont prêté leur concours gracieux à l'excursion de la Sous-Commission.

5° Une vue de l'intérieur de la carrière sera annexée au procès-verbal.

Ces conclusions sont adoptées.

II.— MODIFICATIONS TERRITORIALES ET ADMINISTRATIVES

A plusieurs reprises, le territoire de Bagnolet subit des modifications qui, toutes, sauf une se traduisirent par une diminution. Dès avant la Révolution, Ménilmontant, nous l'avons dit, en était détaché pour être uni à Belleville. Puis, un décret de 1816 (12 décembre) régla les limites de la commune du côté de Romainville et leur assigna comme ligne de démarcation le chemin des Épinettes (Voy. la Notice consacrée à Romainville, p. 15).

En revanche, l'extension des limites de Paris, réglée par la loi du 16 juin 1859, donna à Bagnolet quelques parcelles du territoire de Charonne sises au delà des fortifications : les lieux dits l'Accouchée et une partie du clos des Montibœufs, au Nord de la porte de Bagnolet, entre le rempart et le chemin de Ménilmontant ; au Sud de la porte de Bagnolet, vers Montreuil, les cantons dits le parc de Bagnolet et les Mézières. Le Conseil municipal, consulté à ce sujet le 7 mars 1859, avait naturellement émis un avis favorable, tout en exprimant le vœu qu'une indemnité fût accordée aux propriétaires des terrains de la zone militaire, ceux-ci restant annexés au point de vue de l'état civil au territoire de la commune.

On sait qu'en 1861 la commune de Romainville eut l'ambition d'agrandir sa circonscription au détriment des territoires voisins. A Bagnolet, notamment, elle demandait le hameau, devenu important, des Bruyères, comptant 508 habitants. Le 20 novembre 1861, le Conseil municipal protesta à l'unanimité contre une pareille entreprise ; il fit remarquer que cette agglomération, distante de 930 mètres du centre de Bagnolet, l'était de 1.860 du centre de Romainville, et que, sur 155 chefs de famille consultés, les 90 principaux s'étaient prononcés contre l'annexion.

Les choses en restèrent là pendant quelques années ; mais de puissantes influences aboutirent, en 1867 à un résultat tout contraire à celui qu'avait rêvé six ans auparavant Romainville, c'est-à-dire au démembrement de son territoire par la création de la commune des Lilas, et, dès lors, ce fut cette dernière qui bénéficia des Bruyères.

Au point de vue des circonscriptions cantonales, Bagnolet dépendit du canton de Belleville pendant la période révolutionnaire ; mais quand, en l'an IX, le nombre des cantons de la Seine fut réduit de seize à huit, il fut rattaché au canton de Pantin et y a toujours appartenu depuis, — de bonne grâce, pourrions-nous ajouter, car sa municipalité consultée à ce sujet, le 9 février 1888, vota pour le *statu quo*.

Sur la question de la suppression des sous-préfectures, le Conseil avait été d'avis, le 5 mars 1877, de réunir les deux arrondissements sous l'autorité d'un seul directeur résidant à Paris et de fixer à 18 le nombre des conseillers d'arrondissement.

III. — ANNALES ADMINISTRATIVES
LISTE DES MAIRES

Administration. — L'organisation administrative fut tout d'abord très sommaire. Au commencement de la Révolution, on enregistra les délibérations; mais lorsque la constitution de l'an III eut créé les municipalités de canton et remplacé le maire de chaque commune par un agent municipal qui allait au chef-lieu de canton défendre les intérêts de la commune, il n'y eut plus du tout d'organisation. Les mairies furent reconstituées en l'an IX, et c'est alors que le maire et l'adjoint, réunis dans la maison du maire, décident « à l'effet de mettre de l'ordre dans l'administration, de faire acquisition d'un registre où seront transcrites toutes délibérations que nous jugerons nécessaires aux intérêts de la commune ». On le voit, les formalités administratives étaient réduites au strict nécessaire.

Instruction. — Une des premières délibérations, jugées dignes d'être ainsi transcrites au registre, eut l'instruction pour objet. Elle est datée du 20 pluviôse an X (9 février 1802). Nous reproduisons le texte, mais en faisant disparaître les innombrables fautes d'orthographe qu'il contient, défaut particulièrement choquant, en raison du sujet traité :

Et le 20 pluviôse audit an, le Conseil délibérant sur les conditions arrêtées dans sa séance du 16 pour l'instituteur de l'école primaire de sa commune :

Art. 1er. — L'instituteur n'instruira et ne tiendra classe que pour les garçons, attendu qu'il existe une institutrice pour les filles, [fonction] tenue par Mme Pépin.

2• L'instituteur saura chanter, c'est-à-dire connaîtra le plain-chant et tiendra une place dans le chœur de l'église de la commune avec les chantres.

· 3• Il saura parfaitement lire, écrire et calculer, et sera examiné sur sa conduite et sa moralité.

4• Il se logera à ses frais dans la commune, et il lui est alloué pour sondit logement une somme de cent cinquante francs par année.

5• Il sera tenu de monter l'horloge de la commune, de la nettoyer ou la faire nettoyer toutes les fois qu'elle en aura besoin, — fournira à ses frais l'huile nécessaire, — et de la tenir réglée et en bon état, comme aussi il tintera la cloche tous les jours à onze heures du matin pour annoncer le dîner aux cultivateurs, et le Conseil lui alloue la somme de cent francs par an pour cet objet.

6• Il ne pourra prendre pour rétribution aux parents des enfants de la commune, pour leur apprendre à lire et à écrire et calculer, savoir 1° pour les commençants, soixante centimes ; 2° pour la deuxième classe, quatre-vingt-dix centimes ; 3° pour la troisième classe un franc vingt-cinq centimes, et dans tous les cas il ne pourra exiger plus d'un franc cinquante centimes.

7• Il lui est défendu d'avoir dans sa classe aucune fille, vu qu'il a été toujours d'usage pour la bienséance de séparer les filles d'avec les garçons.

8° Enfin, il sera tenu d'instruire huit enfants sans aucune rétribution appartenant à des parents indigents, et ne seront acceptés par l'instituteur que sur les certificats délivrés par le maire.

Plus tard, la rétribution scolaire fut, jusqu'en 1846, fixée uniformément à 1 fr. 75 ; l'instituteur et l'institutrice devaient recevoir gratuitement chacun dix enfants indigents.

Une délibération du 9 août 1847 éleva la rétribution à 2 francs et le nombre des enfants indigents à douze de chaque sexe En 1851, ce dernier nombre était porté à vingt. Le 8 mai 1855, il était décidé que les classes de garçons et de filles seraient ouvertes gratuitement à tous les enfants que l'autorité locale désignerait comme ne pouvant payer. En même temps, le traitement de l'instituteur était maintenu à 500 francs et celui de l'institutrice à 350 francs. Pour cette dernière, Mme Pigny, une augmentation de 50 francs fut votée le 3 mai 1861 en raison de ce que « depuis trente ans, elle dirige l'école avec le même zèle ». Mme Pigny donna sa démission au mois de janvier 1866. C'était une religieuse ; le Conseil municipal émit le vœu qu'à l'avenir la direction de l'école des filles fût confiée à une laïque.

En 1867, le traitement de l'instituteur était de 600 francs ; celui de l'institutrice de 500 francs.

Le 13 mai 1870, le Conseil vota le principe de la gratuité scolaire complète.

Enfin, le 9 février 1874, il fixait les crédits suivants pour l'enseignement :

Instituteur, 2.000 francs ; instituteur adjoint, 1.200 francs ; institutrice, 1.700 francs.

Budget. — Les comparaisons fournies par les chiffres sont toujours un élément intéressant de l'histoire administrative. Voici à cet égard quelques budgets pris au hasard dans les registres municipaux :

En 1840 : dépenses, 3.990 fr. 50 ; recettes, 4.003 fr. 75 ;
En 1847 : dépenses, 9.533 fr. 39 ; recettes, 9.589 fr. 39 ;
En 1861 : dépenses, 17.851 fr. 15 ; recettes, 18.045 francs.

Octroi. — L'octroi fut créé dans la commune en 1863. La première année, il rapporta, en chiffres ronds, 17.000 francs.

Garde champêtre. — En 1873, le Conseil reconnaissait indispensable la création d'un second garde champêtre ; ce projet n'a cependant pu être encore réalisé.

Noms des rues. — La rue Marianne-Colombier, ancienne rue Aubert, doit son nom à une bienfaitrice de la commune, Mme Ve Maurice-Blaise Barthélemy, née Marie-Anne Colombier, qui mourut le 15 novembre 1864.

Par délibération du 13 août 1883, la rue du Vieux-Chemin de Paris reçut le nom de rue Étienne-Marcel et la rue des Deux-Bornes devint rue de la Fraternité.

Le 17 août suivant, le Conseil donnait à la rue Saint-Pierre le nom d'Adélaïde Lahaye, bienfaitrice de la commune.

Par délibération du 28 février 1885, la rue Saint-Antoine s'appela rue Hoche, et une rue non encore dénommée, parallèle à la rue Saint-Antoine, rue Marceau.

Le 21 novembre 1887, la rue Chassagnolle fut ainsi dénommée parce qu'elle était ouverte sur un terrain donné à la commune par M. Chassagnolle.

Le 21 août 1892, la rue Adélaïde-Lahaye prolongée devint rue Parmentier, et la rue des Tournelles, rue des Lilas.

Processions. — En vertu d'une délibération du 12 avril 1882, les processions ont été interdites dans la commune, et, depuis le mois de juin 1901, les manifestations extérieures du culte sont également interdites.

Fête communale. — Le 19 mars 1885, le Conseil a décidé de reporter la fête patronale (Saint-Leu et Saint-Gilles), qui avait lieu, de temps immémorial, le deuxième dimanche de septembre, au deuxième dimanche d'août, en raison du mauvais temps auquel la première date pouvait souvent exposer cette fête.

Moyens de transport. — Jusqu'en 1863, la commune ne fut desservie par aucun service public. A cette date, fut instituée une voiture publique allant « de la mairie de Bagnolet aux omnibus de Charonne ». Il y avait treize départs par jour et le prix des places était de 20 centimes. Pour assurer ce service, le Conseil votait une subvention mensuelle de 180 francs.

Le 11 février 1864, une délibération fut prise en vue de ramener cette subvention à 660 francs pour les six premiers mois de l'année. Le 30 mai suivant fut votée une subvention annuelle de 1.200 francs pour l'année entière, de juillet 1864 à juillet 1865.

Ce service dura peu, faute de ressources suffisantes. En 1893, un entrepreneur de transports créa un service d'omnibus aboutissant à la place Gambetta (mairie du XXe arrondissement). Les tramways actuels s'y sont avantageusement substitués.

MAIRES DE BAGNOLET

MAURICE (Jean-Pierre). 1792.

. . . .

RENARD (Pierre). An IX.
BAUDON, comte d'Issoncourt. 1807-1816.
BUISSON. 1816-1825.
PINARD. 1826-1832.
VIÉNOT (Jean-Pierre-Marie). 1832-1849.
MAURICE. 1849-1862.
VIÉNOT (Adolphe-Léon). 1863-1880. Démissionnaire.
HURE (Adrien-Benoit). 1880-1890. Démissionnaire.
STOFFT (Édouard). 1890-1892.
GOBIN (Joseph-Nicolas-Auguste). 1892-1893. Démissionnaire.
HURE (Adrien-Benoit). 1893-1894. Démissionnaire.
GOBIN (Joseph-Nicolas-Auguste). 1894-1897. Démissionnaire. Président de la délégation spéciale instituée par décret du 1er décembre 1897. Réélu le 14 janvier 1898. Démissionnaire le 23 mars 1899.
HURE (Adrien-Benoit). Élu le 19 mai 1900.

IV. — MONUMENTS ET ÉDIFICES PUBLICS

Mairie. — Après avoir eu longtemps son siège au domicile même du maire, la mairie avait occupé une maison sise dans la Grande-Rue (rue Sadi-Carnot), près de la rue Aubert (rue Marianne-Colombier).

Le 27 juin 1870, le Conseil municipal approuvait les plans, terminés par l'architecte du département, d'une nouvelle mairie projetée, sise rue des Jardins. La guerre fit avorter le projet, qui fut repris en 1872 (séance du 5 août) et de nouveau abandonné.

La mairie actuelle ne date, en effet, que de 1880. Dans le vestibule a été apposée l'inscription suivante :

RÉPUBLIQUE FRANÇAISE

LIBERTÉ. ÉGALITÉ. FRATERNITÉ.

COMMUNE DE BAGNOLET.

L'AN 1880, LE 24 OCTOBRE

A ÉTÉ POSÉE LA

PREMIÈRE PIERRE DE CETTE MAIRIE

PAR M. HEROLD, SÉNATEUR, PRÉFET DE LA SEINE

B. HURE, MAIRE

J. N. A. GOBIN ET PERRET ADJOINTS

Suivent les noms des conseillers municipaux alors en exercice et ceux de MM. C. Monière fils, architecte, et Rueff, entrepreneur.

L'inauguration de la mairie et des bâtiments scolaires qui l'environnent eut lieu le 17 juillet 1881.

Église. — A défaut d'une belle église, Bagnolet a, du moins, le mérite d'avoir une église vieille de quelques centaines d'années, et dont certains piliers de la nef, par leur aspect massif, donnent un peu l'illusion d'un édifice roman. A l'un des piliers de droite, a été fixée une inscription de marbre noir mentionnant les fondations pieuses faites, le 3 août 1648, par « noble homme Claude Baudouin, vivant conseiller du Roy, maison et couronne de France et de ses finances, propriétaire de la maison du Milieu », et par damoiselle Marie Menard, sa femme.

BIBLIOGRAPHIE

L'abbé LEBEUF, *Histoire du diocèse de Paris*, t. II, pp. 652-659 de l'édition de 1883.

CARRIÈRE (E.-A.), *Montreuil-aux-Pêches*, historique et pratique, et quelques communes de sa banlieue, Bagnolet, Rosny-sous-Bois...; Paris, librairie agricole de la Maison rustique, s.d., in-8. [Le chapitre consacré à Bagnolet occupe les pages 279-309.]

FERNAND BOURNON.

RENSEIGNEMENTS

ADMINISTRATIFS

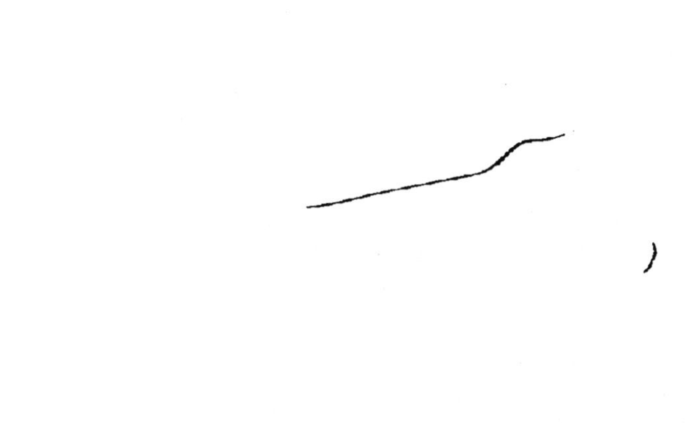

I. — TOPOGRAPHIE, DÉMOGRAPHIE FINANCES

---

§ I. — TERRITOIRE ET DOMAINE

A. — TERRITOIRE

Nom. — Bagnolet.

Dénomination traditionnelle des habitants. — Dans la région on dit « Bagnolaisiens ».

La commune n'a pas *d'armoiries*.

Limites du territoire. — La commune est limitée au Nord : par Les Lilas et Romainville ; à l'Est, par Romainville et Montreuil-sous-Bois ; au Sud, par Montreuil-sous-Bois ; à l'Ouest, par Paris (20ᵉ arrondissement).

Quartiers, hameaux, écarts. — Trois groupes d'habitations : le Centre où se trouvent la mairie, les écoles, la poste et l'église ; les Coutures, au Sud, à la limite de Montreuil ; il y a là un groupement nouveau qui se développe rapidement par suite de la proximité des industries situées sur le territoire de Montreuil ; enfin, au Nord, les Malassis, à la limite des Lilas.

Lieux dits. — Les Villes Granges ; l'Épinette ; la Justice ; les Grands Champs ; Chantier de la Salle ; Clos de la Tranchée ; les Loriettes ; les Malassis ; les Vaugaris ; Rue Aubert ; Clos des Malassis ; les Gouvieux ; les Pernettes ; Derrière l'Église ; Clos Breton ; les Fossillons ; Clos des Montibeux ; l'Accouchée ; les Champeaux ; l'Orangerie ; le Parc de Bagnolet ; les Coutures ; les Blancs Champs ; les Cailloux ; l'Épine ; la Noue.

Superficie de la commune. — La superficie actuelle du territoire est de 3o5 hectares :

> Propriétés bâties.   62
> Propriétés non bâties. 243
> Total égal 3o5

Arrondissement. — Saint-Denis.

Canton. — Pantin.

Circonscription électorale législative. — 1re circonscription de l'arrondissement de Saint-Denis.

Sectionnement électoral. — Pas de sectionnement électoral.

Bureaux de vote. — Deux bureaux : l'un au Centre, l'autre aux Coutures.

Circonscription judiciaire. — Justice de paix de Pantin.

Circonscription de commissariat. — Commissariat de police des Lilas.

Orographie. — Point le plus élevé au-dessus du niveau de la mer : 115 mètres dans toute la partie Nord-Est, Nord et Nord-Ouest ; point le plus bas : 6o mètres dans toute la partie Sud, à la limite de Montreuil.

Hydrographie. — Il n'y a sur le territoire de Bagnolet d'autre cours d'eau que le ru, dit des Orgueilleux, qui a une longueur de 58o mètres, non couvert. Il reçoit les égouts de Bagnolet-Les Lilas ; cet écoulement d'eau est sur le point de disparaître par suite de la construction, en 1901, d'un tronçon d'égout qui relie le réseau de Bagnolet à celui de Montreuil.

B. — DOMAINE

Mairie. — La mairie, construite en 1881, occupe une superficie de 1.120 mètres environ. La construction a coûté 95.000 francs en chiffres ronds. Si on y ajoute le prix du terrain, la dépense atteint 100.000 francs.

Le monument, qui s'élève sur une place d'une superficie d'au moins 4.000 mètres, ne présente rien de particulièrement remarquable au point de vue architectural.

Tous les services communaux y sont installés : cabinet du maire, salle des mariages , archives et logement du secrétaire de la mairie.

Depuis sa construction, divers travaux y ont été exécutés ; c'est ainsi qu'en 1889, il a été dépensé 24.505 fr. 69, en vue de la transformation intérieure de l'édifice.

Écoles. — La commune possède 2 groupes scolaires et une école maternelle.

Celle-ci, située rue Sadi-Carnot, n° 41, construite en 1882, n'a été aménagée pour sa destination actuelle qu'en 1885 ; la dépense de cette dernière installation s'est élevée à 14.000 francs.

En même temps que la mairie ont été construites les écoles dites du Centre, situées place de la Mairie, derrière la maison commune.

Elles occupent une superficie de 5.000 mètres environ et ont coûté dans l'opération totale (mairie et écoles) 190.000 francs environ. En 1895, une somme de 12.600 francs a été dépensée pour les agrandir et une égale somme a été consacrée, l'année d'après, à l'aménagement des combles.

Le 2ᵉ groupe, dit des Coutures, situé dans la partie Sud de la commune, rue du Ruisseau, a été construit en 1896-1897 ; il occupe une superficie de 51 a. 50. Le terrain a coûté 35.396 fr. 50 et les travaux 211.517 fr. 86.

Église. — L'église de Bagnolet est située place du Gué et rue Sadi-Carnot. Elle est dédiée à saint Leu et à saint Gilles. La façade du monument est divisée en trois travées ; celle du milieu présente trois étages: un rez-de-chaussée, dans lequel s'ouvre la porte principale du monument et un premier étage ajouré d'une fenêtre rectangulaire ; cette travée, accusée par des pilastres peu saillants, est couronnée par une corniche surmontée d'un fronton triangulaire. La porte dont il vient d'être parlé est encadrée d'un chambranle à crossettes avec clef saillante ; la fenêtre qui la surmonte présente une décoration identique.

La travée de droite est ajourée d'une porte donnant accès dans un des bas côtés. La travée de gauche offre, au rez-de-chaussée, la même disposition ; elle est surmontée d'une tour carrée présentant trois étages séparés par des bandeaux plats. L'étage du beffroi est ajouré, sur chacune de ses faces, d'une fenêtre plein cintre garnie d'abat-son. Un clocher pyramidal surmonte cet ensemble.

Rien dans les façades latérales ne mérite d'être signalé.

A l'intérieur, cette église, construite sur plan rectangulaire, comprend une grande nef flanquée de bas côtés et présentant dans sa longueur six travées séparées par des piliers soutenant les arcs qui donnent accès dans les collatéraux. Ces trois dernières travées sont occupées par le sanctuaire dont les piliers sont décorés de chapiteaux en marbre. Les bas côtés sont éclairés par six fenêtres correspondant aux travées.

Les extrémités des collatéraux sont occupées, à droite par la chapelle de la Vierge, à gauche par celle de Saint-Vincent.

Au-dessus du maître-autel et terminant le sanctuaire, s'ouvre une grande fenêtre plein cintre. Les deux secondes travées, à droite et à gauche, ont leurs voûtes décorées de nervures réunies par des clefs portant les initiales et les armes de Henri II et de Diane de Poitiers.

Au troisième pilier de droite est fixée une plaque de marbre noir portant fondation de messes en 1648, au nom de Claude Baudouin, conseiller et secrétaire du roi.

Presbytère.— Le presbytère, situé près de l'église, a une superficie de 3 a. 42 ; il a été donné à la commune avec cette destination par M. Ch.-Louis-Maurice Bidault et Marie-Jeanne Hornet, aux termes d'un acte en date du 12 août 1858, approuvé le 19 mars suivant.

Cimetière. — Le cimetière actuel est établi à la limite Nord de la commune, depuis 1833. C'est, en effet, par un arrêté du sous-préfet de Saint-Denis portant la date du 27 septembre 1833, approuvé le 7 octobre suivant, que l'ancien cimetière, situé près de l'église, a été fermé et qu'on a interdit d'y faire de nouvelles inhumations.

Situé à l'angle de l'avenue Pasteur et de la rue Sadi-Carnot, le cimetière a une superficie de 9.500 mètres.

L'exécution des derniers travaux d'agrandissement date de 1890. Un décret du 27 février 1888 ayant prescrit l'expropriation d'une superficie de 45 a. 57 qui a été réunie au cimetière, les dépenses d'acquisition et d'exécution des travaux se sont élevées à à 40.000 francs. Les murs de clôture ont coûté 11.351 fr. 52.

A cette même époque, on a construit un pavillon pour le conservateur qui a entraîné une dépense de 9.500 francs.

Enfin, pour la construction d'un caveau provisoire en 1891, on a dépensé 3.000 francs en chiffres ronds. Par délibération des 23 février et 18 mars 1902, le Conseil municipal a voté l'agrandissement du cimetière.

Ce projet est à l'étude.

Il n'y a, dans la commune, aucun édifice affecté aux services ci-après : *crèche, hospice, hôpital, dispensaire, fourneau économique, marché, abattoir, morgue, fourrière, théâtre, salle des fêtes.*

Terrains communaux. — La commune possède, rue de Ménil-montant, un terrain qu'elle loue 100 francs par an. Elle possède, en outre, un immeuble situé rue Charles-Graindorge, n° 24, qui lui a été donné par Mme Marie-Anne Colombier, veuve Blaise Maurice. Le legs est du 18 juillet 1857. L'immeuble fut évalué à cette époque 9.000 francs, auxquels la donatrice ajoutait 4.000 francs pour l'entretien de sa sépulture.

Cette propriété sert de remise de pompes et de logement à un employé de la mairie.

Il n'y a pas de *fort* sur le territoire de Bagnolet.

§ II. — DÉMOGRAPHIE

A. — POPULATION

Les dénombrements qui ont été faits depuis 1801 ont donné les résultats suivants :

1801	919 [1]
1817	826
1831	1.093
1836	1.090
1841	1.321
1846	1.327
1851	1.298
1856	1.566

[1]. Un siècle auparavant, en 1709, lors du dénombrement des paroisses de la Généralité de Paris, la population de Bagnolet ne comprenait que 122 feux (*Appendice* (p. 424) *au Mémoire de la Généralité de Paris pour l'instruction du duc de Bourgogne,* publié dans la Collection des documents inédits de l'Histoire de France, par M. de Boislisle).

```
1861  . . . . . . . . . . . . . . . . .        2.553
1866  . . . . . . . . . . . . . . . . . .       2.924
1872  . . . . . . . . . . . . . . . . . .       2.597
1876  . . . . . . . . . . . . . . . . .         2.861
1881  . . . . . . . .        . . . .          . 3.839
1886  . . . . . . . . . . . .      . . . . .   5.280
1891  . . . . . . . . . . . . . . . . . . . .  6.124
1896  . . . . . . . . . . . . . . . . . . .  . 7.116
```

Le recensement de 1896 a donné, pour la population *résidente*, 7.116 habitants se décomposant comme suit :

```
Résidents présents . . . . . . . . . 7.100 ⎫
   —      absents . . . . . . . . .    »   ⎬  7.116 habitants.
Population comptée à part . . . . .    16  ⎭
```

La population, *recensée comme présente*, le 29 mars 1896, comprend :

	Enfants ou célibataires	Mariés	Veufs	Divorcés	Total
Hommes.	1.864	1.550	96	12	3.522
Femmes	1.710	1.508	360	16	3.594
	3.574	3.058	456	28	7.116

La population de Bagnolet, au point de vue du lieu d'origine, se classe de la manière suivante :

5/6e d'habitants venus des divers points de la France ;
1/6e d'habitants nés à Bagnolet ;
» d'Alsaciens ou d'étrangers.

Le classement de la population par nationalité donne le tableau suivant :

		HOMMES	FEMMES	TOTAL
Français	Nés de parents français	3.322	3.404	6.726
	Naturalisés	72	68	140
Étrangers	Anglais, Écossais, Irlandais	1	»	1
	Américains	3	1	4
	Allemands	17	25	42
	Autrichiens	4	2	6
	Hongrois	1	1	2
	Belges	58	46	104
	Hollandais	1	1	2
	Luxembourgeois	20	30	50
	Italiens	19	12	31
	Suisses	4	4	8
		3.522	3.594	7.116

Les départements qui fournissent à Bagnolet le plus fort contingent sont :

Seine (Bagnolet non compris)	2,939
Yonne	300
Seine-et-Oise	132
Seine-et-Marne	97
Marne	77
Nord	72
Nièvre	68
Cher	65
Cantal	59
Meuse	58
Corrèze	56
Allier	51
Maine-et-Loire	51
Loire-Inférieure	51
Loire	50

En résumé, la population de Bagnolet, considérée au point de vue du lieu de naissance des habitants, se répartit ainsi :

Français . . .	7.116	dont .	1.175	nés dans la commune.
Étrangers . .	»	— .	»	—
Soit un total de . .	7.116	dont .	1.175	nés dans la commune.

Pour l'année 1900, on a enregistré à l'état civil :

> 200 naissances ;
> 180 décès ;
> 69 mariages ;
> » divorces.

B. — HABITATIONS

Nombre de maisons : 1.037.

Habitations composées	d'un rez-de-chaussée	322
—	d'un étage.	532
—	de deux étages.	142
—	de trois étages	30
—	de quatre étages	10
—	de six étages	1
	Total	1.037

toutes occupées.

Nombre de logements : 2.175 occupés par . . 373 isolés.

et par 1.802 familles.

138 ateliers, magasins ou boutiques.

C. — DIVERS

Électeurs inscrits en 1901. — 2.006.

Recrutement. — 471 conscrits ont tiré au sort en 1901.

Chevaux. — 251 chevaux appartenant à 143 propriétaires.

		dont		au-dessous de 6 ans
Chevaux entiers. . . .	55	dont	»	au-dessous de 6 ans
Chevaux hongres. . . .	133	—	3	—
Juments	60	—	»	—
Mulets	3	—	»	—
Totaux	251	dont	3	au-dessous de 6 ans

Voitures. — 177 voitures, appartenant à 55 propriétaires.

71	à 2 roues attelées	de 1 cheval	
19	à 2 —	de 2 chevaux	
86	à 4 —	de 1 cheval	
1	à 4 —	de 2 chevaux	
Total 177			

§ III. — FINANCES

A. — CONTRIBUTIONS

Principal des contributions en 1901 :

Contribution foncière . . . . 18.822 »
— personnelle et mobilière. . . . 13.060 »
— des portes et fenêtres . . . . . 11.480 »
— des patentes 10.601 83

Total 53.963 83

Perception des contributions. — Bagnolet dépend de la perception des Lilas, dans la circonscription de laquelle se trouvent, en outre, les communes des Lilas, du Pré-Saint-Gervais et de Romainville.

Le percepteur de cette circonscription se rend à la mairie de Bagnolet les 2e et 4e vendredis, de 11 heures à 3 heures, où il se tient à la mairie à la disposition des contribuables.

B. — OCTROI

L'octroi de Bagnolet est administré par la régie des contributions indirectes.

La surveillance immédiate de l'octroi appartient au maire, sous l'autorité de l'administration |supérieure.

La surveillance générale est exercée par la régie des contributions indirectes.

Le rayon de l'octroi comprend tout le territoire de la commune. Les limites en sont déterminées par des poteaux indicateurs portant l'inscription suivante : OCTROI DE BAGNOLET.

L'entrée des objets assujettis aux droits est interdite par les points ci-après désignés ;
1º Rue des Jardins ;
2º Rue des Petits-Champs ;
3º Rue Malmaison ;
4º Rue de Malassis ;
5º Rue Marie-Anne-Colombier (ancienne rue Auber).

Les déclarations et la recette des droits se font aux bureaux ci-après désignés, savoir :

1° Rue de Paris, à l'entrée de la commune, près de la porte de Bagnolet ;

2° Rue de Vincennes, au point de jonction de cette rue avec la rue Étienne-Marcel ;

3° Rue de Noisy-le-Sec, au coin de la rue de Pantin ;

4° Rue de Noisy-le-Sec, au coin de la rue des Lilas ;

5° Avenue du Centenaire, à la jonction de cette avenue avec la rue Étienne-Marcel.

Ces bureaux sont indiqués par un tableau portant ces mots : BUREAU DE L'OCTROI. Ils sont ouverts tous les jours de six heures du matin à sept heures du soir, pendant les mois de mars, avril, septembre et octobre ; de sept heures du matin à six heures du soir, pendant les mois de janvier, février, novembre et décembre ; et depuis cinq heures du matin jusqu'à huit heures du soir, pendant les mois de mai, juin, juillet et août.

Les présents tarif et règlement sont affichés à l'intérieur et à l'extérieur desdits bureaux.

Les tarif et règlement, actuellement en vigueur et qu'on trouvera aux Annexes, ont été votés par délibération du 23 février 1898, approuvée par décret du 18 novembre suivant. Ces délibération et approbation comportent prorogation des taxes jusqu'au 31 décembre 1903.

Le personnel comprend 1 préposé en chef, 1 surveillant et 3 receveurs.

En 1900, les taxes ordinaires ont produit 58.085 fr. 93 et les taxes spéciales 28,839 fr. 19.

Les dépenses d'administration de l'octroi se sont élevées la même année à 11.691 fr. 17, savoir :

Personnel : 10.750 francs ; location et entretien de bureaux, chauffage et éclairage : 319 fr. 90 ; indemnité à la régie des contributions indirectes pour frais d'exercice chez les débitants: 141 fr. 67 ; frais d'impression et de bureau : 392 fr. 72 ; frais de procédure en matière d'octroi : 86 fr. 88.

C. — FINANCES COMMUNALES

Recettes ordinaires d'après le compte de 1900.   173.343,44
   —   extraordinaires   —   — .   58.658,69
Total. . . . .   232.002,13 [1]

Dépenses ordinaires d'après le compte de 1900.   164.113,23 [2]
   —   extraordinaires   —   — .   42.087,71 [2]
Total. . . . .   206.200,94 [3]

Les dépenses se répartissent ainsi qu'il suit entre les principaux services :

    1° Administration et police 39.165,08
    2° Voirie. 64.002,84
    3° Bienfaisance. 18.091,29
    4° Enseignement 29.170,25
    5° Dépenses diverses 13.683,77

Emprunts. — Par arrêté préfectoral du 10 août 1886, la commune a été autorisée à emprunter au Crédit foncier de France, pour une durée de 30 ans à partir du 31 juillet 1887, une somme de 325.000 francs destinée à la construction d'une mairie et d'un groupe scolaire ainsi qu'à l'exécution de divers travaux. Le montant du service des intérêts, frais de commission et autres, s'est élevé à 253.629 fr. 80, soit au total pour l'amortissement une somme de 578.629 fr. 80. Il y est pourvu au moyen des taxes spéciales d'octroi.

Au 31 décembre 1901, le montant des remboursements s'élevait à 320.000 francs en chiffres ronds.

Un autre arrêté préfectoral, portant la même date, a autorisé la commune de Bagnolet à emprunter une somme de 88.900 francs au même établissement en vue du remboursement d'emprunts antérieurs. Cette dette doit être remboursée dans les mêmes délais que l'emprunt dont il vient d'être parlé, et au moyen du produit des mêmes taxes.

Le montant du service des intérêts, frais de commission et autres, s'élevant à 70.000 francs, c'est une somme de 159.000 francs que la commune a à rembourser.

1. Ces recettes constituent les ressources normales de la commune.

2. Non compris les restes à payer devant figurer au compte administratif de l'année suivante.

3. Ce total représente les dépenses normales de la commune.

Au 31 décembre 1901, le montant des remboursements s'élevait à 35.000 francs en chiffres ronds.

Enfin, par un arrêté préfectoral du 15 janvier 1895, la commune a été autorisée à contracter auprès du Crédit foncier, pour l'exécution de travaux de viabilité à diverses voies, un emprunt de 23.888 fr. 22, remboursable en 22 ans à compter du 31 janvier 1895, au moyen d'une imposition de 20 centimes. Le montant des frais de toute sorte, intérêts, etc., s'élevant à 11.744 fr. 30, le montant des remboursements atteint 35.632 fr. 52.

Au 31 décembre 1901, il avait été remboursé 10.000 francs en chiffres ronds.

Secours. — La commune a reçu, depuis 1890, différents secours pour les causes ci-après :

Année 1890. — Construction d'un pavillon pour le gardien du cimetière : 6.000 francs ;

Année 1895. — Viabilité de la rue des Coutures prolongée : 1.117 fr. 46 ;

Année 1893. — Élargissement de la rue Hoche : 20.796 francs ;

Année 1897. — Travaux de viabilité : 11.600 francs ;

— Plantation de la place de la Mairie : 732 fr. 18 ;

Année 1900. — Viabilité et assainissement du cimetière : 21.679 francs.

Valeur du centime. — 588 fr. 32.

Nombre de centimes. — 96,5, dont 3 centimes extraordinaires.

Charges par habitant. — 18 fr. 64.

Receveur municipal. — Les fonctions de receveur municipal sont remplies par le percepteur des contributions des Lilas, qui reçoit, à cet effet, un traitement annuel de 2.365 francs.

II. — SERVICES PUBLICS

§ I. — BIENFAISANCE

Bureau de bienfaisance. — Le Bureau de bienfaisance secourt, à titre temporaire, des personnes valides ayant moins de 60 ans, des infirmes de tout âge et des vieillards âgés de plus de 60 ans.

En 1901, les premières ont été au nombre de 270 hommes, 373 femmes et 11 enfants au-dessous de 15 ans ; de la deuxième catégorie on a secouru 12 hommes et 13 femmes. Enfin, 311 hommes et 306 femmes de plus de 60 ans ont été admis aux secours ; soit, au total, 1.296 personnes.

La liste d'assistance établie une fois pour toutes est revisée deux fois par an par une Commission composée de membres du Conseil municipal et d'administrateurs du Bureau de bienfaisance.

Chaque indigent inscrit reçoit tous les dimanches 2 bons de pain, valant ensemble 0 fr. 60, et un bon de viande de 0 fr. 55.

En hiver, on leur donne une paire de sabots, des bas et des chaussons et on distribue, aux enfants des familles nécessiteuses, 150 paires de sabots.

Le pain et la viande sont fournis par les marchands de la localité qui recouvrent sur la commune, avec un rabais de 5 %.

Les chaussons, bas, sabots, coûtent 2 fr. 70 chaque au bureau.

L'assistance médicale est assurée par le médecin de l'état civil. Les indigents s'inscrivent à la mairie, qui leur délivre un bon, leur permettant de se présenter à la consultation. L'ordonnance est visée ensuite par la municipalité. Sur ce visa, les médicaments sont délivrés gratuitement par un pharmacien de la localité qui recouvre sur la commune, avec un rabais de 60 %.

On donne quelques secours de loyer à des vieillards et à des familles nombreuses.

Voici le budget du Bureau de bienfaisance pour 1900 :

Recettes

Rentes sur l'État non grevées de fondations. . . .	2.434 »
Legs Godard-Desmarets.	20 »
Intérêts de fonds placés au Trésor	84,86
Produit des concessions de terrains dans le cimetière	6.074 »
Subvention pour secours de chômage.	80 »
Subvention de la commune.	300 »
Dons, souscriptions, quêtes à domicile	827,80
Vente de terrains.	7,24
Produit d'une loterie	1.249,75
Secours de la commune pour bons de logement. .	97,50
Subvention départementale pour la fête nationale.	165 »
Subvention pour secours éventuels	11 »
Excédent de recettes de l'exercice antérieur	4.860,38
Total	16.211,53

Dépenses

Entretien et contribution des propriétés.	13,27
Traitement du médecin.	1.000 »
— du receveur trésorier	287 »
— de l'employé chargé du service	250 »
— de la sage-femme ou frais d'accouchement	290 »
Frais de bureau ou timbre de la comptabilité. . .	22 »
Distribution aux indigents : achat de viande . . .	3.651,38
— — de pain	3.902,37
— — de linge et d'habillement.	358,75
Achat de médicaments et de bandages.	825,90
Organisation d'une loterie.	197,49
Secours éventuels.	106,10
Secours de loyer	272 »
Secours de chômage	80 »
Emploi de la subvention pour secours aux indigents à l'occasion de la fête nationale	165 »
Total	11.421,26

soit un excédent de recettes de 4.790 fr. 27.

Le Bureau de bienfaisance possède 6 pièces de terre qui sont louées, les seules qui lui restent sur une trentaine qu'il possédait encore il y a quelques années ; 25 furent vendues par adjudication le 22 mars 1896 pour un prix de 33.910 francs.

Les rentes proviennent pour partie des libéralités, dont on va donner l'énumération, et pour le surplus de l'emploi des excédents de recettes annuels.

M. Jean-Pierre-Marie Viénot a légué, pour les pauvres, une somme de 3.000 francs aux termes de son testament, en date du 8 novembre 1865 ; l'acceptation a été autorisée par arrêté préfectoral du 15 mai 1881.

Mme Marie-Anne Colombier, veuve Maurice, a légué, pour les pauvres, un immeuble évalué 8.417 francs, aux termes de son testament, en date du 18 juillet 1857. L'acceptation de cette libéralité a été autorisée par décret du 13 février 1882.

Mme Marie-Anne Colombier, veuve Maurice, a légué à la commune, pour entretien d'un monument funéraire, une somme de 4.000 francs et un immeuble évalué 9.000 francs. Cette libéralité résulte d'un testament, en date du 18 juillet 1857, et son acceptation a été autorisée par décret du 13 février 1882.

Mme Bidault, née Jeanne-Henriette Hornet, a légué au Bureau de bienfaisance un immeuble évalué 5.100 francs. Cette libéralité a été faite par testament, en date des 26 juin 1873 et 20 juin 1874, et autorisée par décret du 23 juin 1884.

Rosière. — Mme Jeanne-Adélaïde Lahaye, veuve Chastel, a légué à la commune aux termes de son testament, en date du 20 septembre 1882, une somme de 20.000 francs, dont les arrérages sont destinés à doter une rosière.

Voici, d'ailleurs, les termes dans lesquels la libéralité a été faite :

« Je donne 20.000 fr. à la commune de Bagnolet ; cette somme sera, déduction faite des droits de mutation, placée en rentes trois % sur l'Etat français et la rente annuelle sera remise, chaque année, à la jeune fille née à Bagnolet de parents pauvres, qui aura été désignée comme la plus digne et la plus honnête par le Conseil municipal. Cette somme sera délivrée le lundi de la fête de Bagnolet, après les cérémonies d'usage pour les rosières, à la jeune fille et lui sera constituée en dot et au plus tard à sa majorité si elle ne se marie pas le jour du lundi de la fête. »

Mme Chastel étant décédée en mars 1883, les arrérages de cette somme qui s'élèvent à 675 francs, ont été distribués pour la première fois en 1884.

Hospice. — Il n'existe pas d'hospice à Bagnolet, mais la commune fait partie du syndicat auquel appartient l'hospice intercommunal de Pantin.

On trouvera, dans les notices des communes de Pantin et des Lilas, précédemment publiées, tout ce qui est relatif à la fondation et au fonctionnement de l'établissement.

10 lits sont à la disposition de Bagnolet qui paye une somme de 6.000 francs par an pour sa part contributive dans les dépenses.

Aliénés. — 21 malades ayant leur domicile de secours à Bagnolet ont été soignés, au cours de l'année 1900, dans divers asiles des départements.

Ils ont occasionné une dépense totale de 10.978 fr. 95.

La commune, contribuant dans les dépenses pour 40 %, a dû payer 4.391 fr. 58 ; le surplus, soit 6.587 fr. 37, reste à la charge du département.

La part pour laquelle chaque commune contribue à ces dépenses est fixée par délibération du Conseil général et varie suivant le revenu de chacune d'elles.

Traitement des malades dans les hôpitaux de Paris. — Les malades de la commune sont envoyés en traitement dans les hôpitaux de Paris. Jusque-là, ils y étaient admis et traités aux conditions fixées par délibérations des Conseils général et municipal de Paris, datant de 1890.

D'après ces actes, les dépenses occasionnées par le traitement de ces malades, évaluées à 3 fr. 05 par jour, défalcation faite des droits d'octroi, étaient supportées, partie par la commune intéressée, partie par le département et le surplus par l'Administration générale de l'Assistance publique.

La contribution de la commune, calculée à raison de 1 franc par jour et par malade, pouvait être basée, au choix de celle-ci, soit sur le nombre moyen des journées de traitement des trois dernières années, soit sur le nombre réel des journées de traitement de l'année.

Celle du département était calculée aussi à raison de 1 franc par jour, mais elle était acquittée sous forme de subvention forfaitaire dont le chiffre avait été fixé à 225.000 francs par an ; le surplus était supporté par l'Assistance publique.

On a été amené à modifier ces conditions sous l'influence de l'élévation de la moyenne du prix de journée qui passait de 3 fr. 05

à 3 fr. 34, et de l'augmentation du nombre de journées dont la subvention du département, fixée une fois pour toutes, ne suivait pas les variations. Or, voici le système qui a été admis par le Conseil général et soumis aux communes pour entrer en vigueur pour une période de cinq ans à compter du 1er juillet 1899. Le prix de journée fixé à 3 fr. 34 est supporté jusqu'à concurrence de 1 fr. 10 par les communes, d'une égale somme par le département, et de 1 fr. 14 par l'Administration générale de l'Assistance publique. Les communes conservent le droit, comme précédemment, de contracter des abonnements dans les mêmes conditions ou de payer leur quote-part d'après le nombre exact des journées de traitement des malades ayant leur domicile de secours sur leur territoire. Quant au département, il verse, non plus une subvention fixée à forfait, mais une somme représentant exactement 1 fr. 10 par journée de traitement.

Le Conseil municipal de Bagnolet a adopté ce système par délibération du 3 novembre 1900.

Les malades de la localité sont plus spécialement envoyés à l'hôpital Tenon.

Le transport a lieu, tantôt par voiture privée, tantôt au moyen des ambulances urbaines.

Depuis le 1er septembre dernier, les personnes qui veulent recourir aux voitures d'ambulance de la ville de Paris, pour le transport des malades, doivent s'adresser à la mairie de la commune de leur résidence.

Les conducteurs des voitures d'ambulances ne peuvent se mettre en marche que sur un bon de commande signé par le maire et qui leur est remis au domicile du malade.

La redevance due pour chaque transport est payée par les familles et perçue par la commune. Le transport des malades indigents est à la charge de cette dernière.

Une somme de 208 francs figure au compte de la commune, en 1900, pour ce service.

Désinfection.— On a exposé, dans la notice de Saint-Ouen, antérieurement parue, les conditions dans lesquelles est organisé le service départemental de désinfection. L'étuve qui dessert Bagnolet est aux Lilas.

Assistance à domicile. — Le Conseil général, par délibérations des 18 décembre 1895 et 26 avril 1896, a décidé : 1° qu'une allocation serait attribuée aux communes qui consacreraient des res-sources à l'assistance à domicile des vieillards indigents, infirmes et incurables ; 2° que le montant de cette allocation serait égale au tiers des dépenses faites, dans ce but, par la commune.

Pour les indigents valides, les conditions à remplir sont 65 ans d'âge et 10 ans de séjour dans Paris ou dans une commune du département ; ces conditions ne sont pas exigibles des infirmes et des vieillards.

La commune n'a pas jugé à propos d'entrer dans cette voie.

Enfants assistés et enfants moralement abandonnés. — Les enfants maltraités ou moralement abandonnés sont assimilés, pour la dépense, depuis le 1er janvier 1890, aux enfants assistés, en vertu d'une délibération du Conseil général du 16 décembre 1889. Cette délibération a été prise dans le but de faire bénéficier le département des dispositions de l'article 25 de la loi du 24 juillet 1889. Aux termes de cet article, en effet, la subvention de l'État dans les dé-partements où le Conseil général se sera engagé à assimiler les enfants maltraités ou moralement abandonnés aux enfants assistés, doit être portée au cinquième des dépenses tant extérieures qu'inté-rieures des deux services. Dans ces conditions, les charges relatives à ces deux services se confondent, et les communes, pour qui cette dépense est obligatoire, n'ont à fournir qu'un seul contingent. La somme recouvrée de ce chef sur la commune de Bagnolet, pour sa part des dépenses en 1900, a été de 1.700 francs.

Protection des enfants du 1er âge. — En 1900, les déclarations faites par les parents, conformément à l'article 7 de la loi du 23 décembre 1874, se résument comme suit :

	AU SEIN	AU BIBERON	TOTAL
Nombre d'enfants de Bagnolet mis en nour-rice dans le département de la Seine (hors Paris)..........................	2	2	4
Nombre d'enfants mis en nourrice hors du dé-partement de la Seine	3	11	14
	5	13	18

5 déclarations d'élevage ont été faites par les nourrices de la localité, en exécution de l'article 9 de la loi ; 4 d'entre elles

concernaient des enfants nés dans le département de la Seine.

Au point de vue de la protection des nourrissons, Paris et les communes du département forment 18 circonscriptions à chacune desquelles sont attachés un médecin inspecteur et une dame visiteuse.

Bagnolet dépend de la 12e circonscription dont le médecin recoit les nourrices les lundis, mercredis et vendredis, de 8 heures à 5 heures du soir.

Il n'existe dans la commune ni *crèche*, ni *fourneau économique*, ni *bureau municipal de placement gratuit*.

Secours aux familles des réservistes. — La loi de finances du 25 février 1901, dans son article 43, a ouvert au Ministère de l'intérieur un crédit de 500.000 francs en vue de subventions allouées par l'État aux communes, pour secours aux familles nécessiteuses des réservistes et territoriaux. La répartition est faite entre les départements d'après un état annexé à ladite loi, dans lequel le département de la Seine figure pour 21.700 francs. La répartition entre les communes doit être faite par le Conseil général, dans chaque département, et, dans la commune, les bénéficiaires seront désignés par le Conseil municipal. La commune a reçu dans cette répartition une somme de 207 fr. 63. En outre, une dépense de 2.727 fr. 50 figure au compte de 1900 pour cet objet. On alloue une indemnité de 1 franc par jour pour les femmes et de 0 fr. 50 par enfant après enquête faite par les membres d'une Commission composée de conseillers municipaux.

Propagation de la vaccine. — Aux mois de mars et octobre, en exécution d'une circulaire préfectorale du 14 février 1894, les enfants des écoles sont vaccinés et revaccinés par les soins de l'Institut de vaccine animale, n° 8, rue Ballu, à Paris, qui vaccine également les jeunes enfants qu'on lui présente, même s'ils n'ont pas l'âge scolaire.

Une séance de vaccination pour les habitants de la commune a lieu aux écoles du Centre par les soins du médecin de l'état civil.

Enfin, les nouveau-nés sont vaccinés par les médecins ou les sages-femmes à qui le département alloue, chaque année, des primes ou des diplômes d'après le nombre d'opérations effectuées.

En outre, une subvention est attribuée aux communes qui inscrivent à leur budget un crédit pour la vaccination. Bagnolet a reçu 30 francs, en 1900, dans cette répartition.

Il n'existe pas de *dispensaire*, mais, depuis le 1ᵉʳ janvier dernier, une consultation gratuite, ouverte à tous les habitants de la commune sans distinction, a lieu chaque dimanche, à la mairie, de 10 heures à 11 heures.

La commune a inscrit, dans ce but, à son budget, une somme de 200 francs.

Caisse des écoles. — La Caisse des écoles de Bagnolet fondée en 1881 (arrêté préfectoral du 15 avril) a pour but, d'après les statuts, d'encourager et de faciliter la fréquentation des écoles par tous les élèves indistinctement, sans s'occuper de leur croyance religieuse ; de distribuer des récompenses aux élèves assidus et des vêtements ou des livres de classe aux élèves indigents ; de donner des secours aux familles nécessiteuses qui se priveraient du travail de leurs enfants pour les envoyer au cours du soir, et, si les revenus de la Caisse le permettaient, de créer des livrets de Caisse d'épargne en faveur des élèves les plus méritants.

L'excédent des ressources de la Caisse peut être appliqué aux abonnements à des recueils périodiques sur l'enseignement primaire, ou à des achats de livres qui enrichissent la bibliothèque scolaire.

Elle est administrée par un Comité composé de dix membres dont quatre sont nommés par le Conseil municipal et pris dans son sein, y compris le maire, qui est président de droit. Les six autres membres sont élus en assemblée générale par les membres fondateurs et sociétaires.

Voici la dernière situation financière de la Caisse qui administre la cantine scolaire dont il sera parlé p. 53.

RECETTES

Restant en caisse au 1ᵉʳ octobre 1900	554,66
Subventions par la commune	500 »
— le département	850 »
Produit des cotisations 1900-1901	193 »
Dons et quêtes —	145,60
Produit des jetons —	1.265,80
— des troncs —	72,70
Vente de matériel réformé	10 »
Total des recettes	3.591,76
Total des dépenses	3.175,45
Reste en caisse au 30 septembre 1901	416,31

DÉPENSES

Indemnité au receveur   45   »
Livrets de Caisse d'épargne   460   »
Fournitures de bureau.   46,85
Chaussures aux enfants   637   »

		Bœuf	444 »	
Cantine.	Vivres	Saindoux et lard .	126 »	
		Légumes	549 »	1.223,95
		Pain	36 »	
		Divers	68,95	

Personnel de service.   475   »
Achat et entretien du mobilier. . . .   287,65

Total des dépenses 3.175,45

En 1900-1901, les membres fondateurs étaient au nombre de 24 et les membres honoraires 70.

Société de secours mutuels. — Une Société de secours mutuels a été fondée dans la commune, sous la dénomination de « Société de secours mutuels de Saint-Roch », le 1ᵉʳ janvier 1875. Les statuts ont été modifiés en 1881.

La Société a pour but :

1° De donner les soins du médecin et les médicaments aux membres participants malades ;

2° De leur payer une indemnité pendant le temps de leur maladie ;

3° De pourvoir aux frais de leurs funérailles et d'accorder une indemnité aux veuves et aux enfants orphelins mineurs ;

4° De constituer des pensions de retraite conformément au décret du 26 avril 1856 et aux conditions fixées par les présents statuts.

La Société comprend des membres honoraires et des membres participants. Les premiers contribuent par leurs conseils et leurs souscriptions à la prospérité de l'association sans participer à ses avantages.

Tout membre participant doit, pour être admis, être présenté par deux membres de la Société et produire :

1° Son acte de naissance ;
2° Un certificat de moralité ;
3° Un certificat du médecin.

Il devra, en outre, payer à titre de droit d'inscription, savoir :

De 18 à 25 ans. . . . . 10 francs
De 25 à 35 ans. . . . . 20 —
De 35 à 45 ans. . . . . 3o —

La cotisation mensuelle est de 2 francs, payables à la mairie, tous les premiers dimanches de chaque mois, de 9 heures à midi, excepté pour le mois de janvier où ce payement a lieu le deuxième dimanche.

Au 1ᵉʳ janvier 1901, la Société comptait 26 membres honoraires, 39 membres actifs et 15 retraités.

Voici la situation financière à la même date :

RECETTES

Fonds en caisse au 1ᵉʳ janvier 1900.	600,85
Cotisations des membres participants.	1.174,25
— — honoraires	324 »
— — retraités	145 »
Intérêts des fonds placés	407,40
Deniers de veuves	60 »
Recettes diverses.	40,75
Amendes.	80,15
Reçu de la Caisse des dépôts et consignations pour les retraites	600 »
Don de Mᵐᵉ Lecouteux-Denis.	165,5o
Don anonyme	3o »
Admissions et insignes.	33 »
Total.	3.66o,9o

DÉPENSES

Payé aux sociétaires retraités.	583,5o
Secours à 2 fr. 5o : 132 journées	33o »
— 2 fr. » 335 —	670 »
— 1 fr. » 55 —	55 »
— o fr. 41 90 —	36,90
Frais pharmaceutiques.	519,25
Honoraires des médecins.	255 »
Frais funéraires	562 »
Deniers de veuves	120 »
Appariteur, imprimés, frais divers, etc.	132,65
Fonds placés à la Caisse des retraites	200 »
En caisse au 31 décembre 1900.	196,6o
Total.	3.660,90

L'avoir de la Société se compose, au 31 décembre 1900, de :

1° Fonds placés ou fonds libres à la Caisse des dépôts et consignations	8.000	»
2° Fonds placés à la Caisse des retraites.	11.400	»
3° Fonds répartis, capitalisés au profit de la Société à la Caisse des retraites	14.677	»
4° Fonds en caisse	196,60	
Total	34.273,60	

§ II. — ENSEIGNEMENT

Écoles de garçons. — Il y a deux écoles de garçons, une dans chaque groupe scolaire.

Au Centre, cette école comprend 4 classes primaires élémentaires qui ont été, au cours de l'année 1900-1901, fréquentées par 251 enfants de 6 à 13 ans et par 4 de plus de 13 ans.

Le 1er décembre 1900, 185 élèves étaient présents et 187 le 1er juin suivant.

32 d'entre eux ont fréquenté une autre école au cours de l'année scolaire.

A la tête de l'établissement se trouvent 1 directeur chargé de classe et 3 instituteurs titulaires.

Au groupe des Coutures, l'école de garçons qui comprend 5 classes primaires élémentaires a été fréquentée par 294 enfants dont 3 seulement âgés de plus de 13 ans.

Le 1er décembre 1900, 217 d'entre eux étaient présents à l'école et 236 le 1er juin suivant.

Parmi eux, 45 ont fréquenté une autre école au cours de l'année scolaire.

Le personnel enseignant se compose de 1 directeur chargé de classe, de 3 instituteurs titulaires et 1 stagiaire.

Écoles de filles. — Comme pour les garçons, il y a deux écoles pour les filles, une dans chaque groupe.

Au Centre, l'école de filles comprend 3 classes primaires élémentaires qui ont été fréquentées, au cours de l'année scolaire, par 230 enfants toutes âgées de 6 à 13 ans. Le 1er décembre 1900, 184 enfants étaient présentes à l'école et 186 le 1er juin suivant. 32 d'entre elles ont fréquenté une autre école au cours de l'année.

Le personnel enseignant comprend 1 directrice chargée de classe et 2 institutrices titulaires.

Au groupe des Coutures, l'école de filles comprend 5 classes primaires élémentaires, qui ont été fréquentées par 274 élèves de 6 à 13 ans.

200 étaient présentes le 1er décembre 1900 et 220 le 1er juin suivant.

Le personnel enseignant comprend 1 directrice chargée de classe, 1 institutrice titulaire et 3 stagiaires.

Écoles maternelles. — Il y a à Bagnolet deux écoles maternelles publiques, l'une située rue du Ruisseau et l'autre rue Sadi-Carnot.

L'école de la rue du Ruisseau comprend 2 classes maternelles qui ont été fréquentées par 259 enfants dont 131 garçons et 120 filles âgés de moins de 6 ans et 4 garçons et 4 filles âgés de 6 à 13 ans.

118 élèves étaient présents le 1er décembre 1900 et 175 le 1er juin 1901.

Le personnel enseignant comprend 1 directrice et 1 adjointe stagiaire.

A l'école de la rue Sadi-Carnot, il y a 2 classes maternelles qui ont été fréquentées au cours de l'année scolaire 1900-1901 par 164 enfants parmi lesquels 64 garçons et 54 filles étaient âgés de moins de 6 ans et 25 garcons et 21 filles de 6 à 13 ans.

Le 1er décembre 1900, 109 enfants étaient présents à l'école et 126 le 1er juin suivant.

Le personnel enseignant comprend : 1 directrice et 1 adjointe titulaire.

Enseignement du chant, du dessin et de la gymnastique. — Le chant et le dessin sont enseignés par des professeurs spéciaux ; une somme de 600 francs par an figure au budget pour chacun d'eux. La gymnastique est enseignée par les instituteurs.

En 1900, la commune a reçu sur le budget départemental une subvention de 55 francs pour l'enseignement de la gymnastique et 85 francs pour celui du dessin.

Admission dans les écoles primaires supérieures et professionnelles de la Ville de Paris. — En 1901, 6 élèves des écoles de Bagnolet ont été admis dans les écoles primaires supérieures et professionnelles de la Ville de Paris, dont 1 est entré à l'École Arago, 1 à Turgot, 2 à Sophie-Germain et 2 à l'école de la rue Bouret.

Il n'a été fait ni *don* ni *legs* aux écoles de Bagnolet.

Classes de garde. — Depuis plusieurs années déjà, des classes de garde ont lieu tous les jours, excepté les jeudis et dimanches, pour les garçons seulement dans les deux groupes et pendant toute l'année scolaire, de 4 à 6 heures le soir. Elles sont fréquentées par 3o enfants environ.

Classes de vacances. — Des classes de vacances ont lieu, pendant un mois environ, chaque année, au cours des vacances, dans les deux groupes, mais pour les garçons seulement.

Il y a une seule classe par groupe ; elle est fréquentée par 6o élèves environ. En 1901, la dépense s'est élevée à 4oo francs.

Bibliothèques scolaires. — Chaque groupe est doté d'une bibliothèque scolaire. Elles possèdent chacune 417 volumes environ. Elles ont fait en 1901 : 385 prêts. En 1900, la commune a reçu du département, pour ce service, une subvention de 7o francs.

Cantine scolaire. — Une cantine fonctionne dans chaque groupe. Tous les enfants sont admis à prendre des portions moyennant une rétribution de o fr. 10 par portion. Cependant quelques-unes sont distribuées gratuitement.

Les portions comprennent la viande et les légumes, mais ni boisson, ni pain.

La cantine fonctionne de novembre à mars de chaque année, pour le repas de midi seulement.

Les denrées nécessaires sont achetées de gré à gré dans la commune par les soins de la caisse des écoles qui assure seule le fonctionnement de la cantine.

Cours d'adultes. — La commune vient de créer des cours du soir qui auront lieu dans chaque groupe.

Le programme de l'enseignement sera celui de l'enseignement primaire élémentaire.

Société philomathique. — Au groupe des Coutures, la Société philomathique organise des cours portant sur l'enseignement primaire, la musique, la comptabilité, le dessin, le chant, les langues, etc.

Ces cours ont lieu tous les jours, de 8 heures à 1o heures, de novembre à Pâques de chaque année.

Il n'y a pas de *patronage laïque* à Bagnolet et on n'a organisé, jusqu'ici, ni *excursion*, ni *colonie scolaire*.

§ III. — VOIRIE

Les voies qui sillonnent le territoire de Bagnolet ont une longueur de :

1 Route départementale	2.315	mètres
Chemins vicinaux de grande communication	5.465	—
Chemins vicinaux ordinaires	3.o3o	—
Chemins ruraux	10.5i5	—
Voirie urbaine	12.6i4	—

Routes départementales. — La route départementale *n° 18, de Paris* (porte de Bagnolet) *à Romainville*, traverse la commune dans le sens de sa plus grande longueur, du Sud au Nord. Elle part de la porte de Bagnolet pour aboutir à Romainville, au carrefour formé par la route déparmentale n° 17 et le chemin vicinal de grande communication n° 40.

De la porte de Bagnolet à l'origine du chemin vicinal de grande communication n° 39, sur une longueur de 3o8 mètres, la chaussée a une largeur de 7 mètres ; les trottoirs, de 6 mètres chacun, sont plantés.

Entre les chemins vicinaux de grande communication n°ˢ 39 et 36, sur une longueur de 1.8o8 mètres, qui correspondent à la vieille traverse de Bagnolet, la largeur de la chaussée varie de 5 à 6 mètres ; les trottoirs, très irréguliers, ont 2 mètres en moyenne, mais descendent, sur certains points, à moins de 1 mètre.

Au delà, la route se prolonge sur le territoire de Romainville où elle a son terminus.

Chemins de grande communication. — Ces voies sont au nombre de 4, dont deux au Nord et deux au Sud. Celles du Nord forment les chemins n°ˢ 20 et 36.

Le chemin *n° 20, de Gennevilliers à Vincennes*, traverse les communes de Gennevilliers, Saint-Ouen, Saint-Denis, Aubervilliers, Pantin, Le Pré-Saint-Gervais, Les Lilas, Bagnolet et Montreuil.

Il a un parcours de 1.3oo mètres environ sur le territoire de Bagnolet où il forme l'avenue Pasteur. La chaussée, qui est empierrée, a une largeur de 7 m. 5o ; de part et d'autre s'étendent deux trottoirs plantés de 3 m. 75 de largeur chacun.

Un égout qui s'étend entre le chemin de grande communication n° 36, dont il va être parlé, et la route départementale n° 18, assure l'assainissement partiel du tronçon du chemin n° 20, compris sur le territoire de Bagnolet.

Sur le territoire des Lilas, un tronçon de chemin a été ouvert, à la demande du Conseil municipal de cette commune, dans le prolongement de l'avenue Pasteur jusqu'à la porte de Romainville.

Cette annexe a une longueur de 523 mètres et un profil transversal identique à celui du tronçon du chemin n° 20, situé sur le territoire de Bagnolet.

Le chemin *n° 36* part de la porte de Ménilmontant et aboutit à la route départementale n° 18, après un parcours total de 1.576 mètres ; il forme la limite des communes des Lilas et de Bagnolet ; sur une longueur de 600 mètres, cependant, il est sur le territoire de Bagnolet ; sa largeur est de 14 mètres, comprenant une chaussée empierrée de 6 mètres, avec caniveaux pavés et deux trottoirs plantés de 4 mètres chacun. A partir de la rue des Lilas, la largeur de cette voie est réduite à 10 mètres dont une chaussée empierrée de 6 mètres et deux trottoirs de 2 mètres.

Le point bas de la rue des Villegranges est assaini par l'égout du chemin n° 20.

Les chemins *n° 38* et *n° 60* sont situés au Sud de la commune : le premier part de la route départementale n° 18 et traverse les communes de Bagnolet, Montreuil, Saint-Mandé, Saint-Maurice et Charenton-le-Pont.

Sur Bagnolet, il comprend un premier tronçon de 151 mètres, qui a une largeur de 7 mètres, dont 5 de chaussée pavée et 2 trottoirs de 1 mètre ; à partir du point de croisement avec le chemin n° 39, un deuxième tronçon de 1.278 mètres, qui s'étend jusqu'à la route départementale n° 19 et qui a une largeur régulière de 16 m., dont 8 pour la chaussée et 4 pour chacun des trottoirs ; ceux-ci sont plantés. Sur cette longueur de 1.278 mètres, la chaussée est empierrée et il existe deux caniveaux pavés.

L'assainissement de la chaussée est assuré par un égout qui s'étend dans le prolongement de celui de la route départementale n°18, sur une longueur de 172 mètres et se déverse ensuite dans l'ancien ru de Bagnolet.

Le prolongement de ce chemin jusqu'à Choisy-le-Roi, au chemin de grande communication n° 60, en longeant la Seine entre Alfortville et Choisy comporte la construction d'un égout dont les travaux sont en cours d'exécution. Les travaux de viabilité seront exécutés quand ceux de l'égout seront terminés.

Ce chemin est parcouru par la ligne de tramway Pantin-Ivry.

Le chemin de grande communication *n° 39* part de la route départementale n° 18, à 3o8 mètres de l'origine de celle-ci et aboutit à la route nationale n° 34, après avoir traversé les communes de Bagnolet, Montreuil et Vincennes.

Sur le territoire de la première, sa largeur normale est de 12 m. jusqu'au chemin n° 38, de 13 m. 5o entre ce chemin et la rue de la Fraternité, et de 10 mètres jusqu'à la rue Étienne-Marcel, à la limite de Montreuil.

La chaussée, qui a une largeur uniforme de 6 mètres, comporte deux sections établies sur fondation en béton, l'une de 158 mètres et l'autre de 286 mètres.

Les trottoirs ont respectivement 3 mètres, 3 m. 75 et 2 mètres de largeur.

Chemins vicinaux ordinaires. — Le réseau des chemins vicinaux ordinaires, dont la longueur totale est de 3.o3o mètres, se compose de 5 chemins dont le tableau ci-après donne l'énumération et la description :

NUMÉROS	DÉSIGNATION	LONGUEUR	ORIGINE	FIN	LARGEUR moyenne		CHAUSSÉE		ASSAINISSEMENT	OBSERVA-TIONS
					TOTALE	CHAUSSÉE	NATURE	ÉTAT		
		m.			m.	m.				
1	DE MÉNIL-MONTANT .	65o	Route dép. n° 18.	Porte de Ménilmontant	8	5	132 m. pav. 518 m. emp.	assez bon	Néant	
2	DE MONTREUIL .	655	Id.	Limite du territoire de Montreuil	8 et 7	5	275 m. pav. 38o m. emp.	méd.	Id.	Rampes excessives.
3	DES TOURNELLES. .	535	Id.	Chemin de gr. comm. n° 36.	8	5	226 m. pav. 3o9 m. emp.	bon	Id.	
4	DE PANTIN .	35o	Id.	Id. Limite des Lilas.	8	5	54 m. pav. 296 m. emp.	Id.	Égout sur 115 mètres entre le chem. n° 20 et la route département. n° 18.	
5	ANCIEN CHEMIN DE PARIS . . .	84o	Rue de la Fraternité.	Route dép. n° 19.	12	6	Pavée.	assez bon	Égout sur 4oo mètres entre la rue du Ruisseau et la rue de la Fraternité.	Mitoyen sur toute la longueur avec Montreuil.
	TOTAL...	3,o3o								

En déduisant les parties mitoyennes au compte des communes voisines, la longueur totale à entretenir par la commune de Bagnolet est de 2.610 mètres.

Entretien. — Les dépenses relatives à l'entretien se sont élevées, en 1900, à 12.418 fr. 64. Le département a alloué une subvention de 1.000 francs.

Travaux neufs sur chemins vicinaux ordinaires
- Travaux faits dans l'année et dépenses correspondantes : Construction d'un égout rue Étienne-Marcel. En participation avec le département. Contingent communal : 4.500 francs.
- Projets en préparation : Construction d'un égout sous le chemin de Pantin : 15.000 francs.

Voirie urbaine
- Travaux faits dans l'année et dépenses correspondantes. : Néant.
- Projets en préparation :
  - Mise en viabilité de la rue de l'Avenir.
  - — Paul-Bert.
  - — Jeanne-Hornet.
  - — Bel-Air.
  - Mise en viabilité d'une partie de l'avenue de la Dhuis.

Chemins ruraux. — Ces chemins, au nombre de 77, sont tous à l'état de sol naturel. Sur ce chiffre, 2 seulement sont reconnus. Ils ont pour la plupart une largeur de 2 m. 33.

Voies urbaines. — Les voies urbaines, au nombre de 36, sont au contraire pour la plupart en état de viabilité à l'exception de 5 ou 6.

Leur largeur varie de 3 mètres à 12 mètres, le plus grand nombre ayant une largeur de 8 mètres et 10 mètres.

Prestations. — Cet impôt n'est plus perçu à Bagnolet.

Balayage et enlèvement des boues. — Les habitants sont tenus de balayer deux fois par semaine au droit de leur propriété. L'enlèvement des boues a lieu, trois fois par semaine, dans toutes les rues classées.

Ce service est assuré par un entrepreneur moyennant un prix annuel de 10.000 francs.

Droits de voirie et de stationnement. — Des droits de voirie sont perçus en vertu d'un tarif qu'on trouvera aux Annexes.

Cette perception a produit 433 fr. 70 en 1900.

Il n'existe pas de droits de stationnement.

Il n'y a sur le territoire de la commune ni *Canal*, ni *Pont*, ni *Cours d'eau*.

Aqueduc. — La Dhuis, dont l'eau est distribuée à Paris depuis le 1er octobre 1865, a son origine dans la commune de Pargny, arrondissement de Château-Thierry (Aisne).

Avant le captage, cette source jaillissait par trois orifices, dont le plus bas était à l'altitude de 128 mètres et alimentait seule le ruisseau de la Dhuis, qui mettait en mouvement 9 usines hydrauliques et se jetait, après avoir reçu un petit affluent, le Verdon, dans le Surmelin qui tombe lui-même dans la Marne, un peu en amont de la station de Méry (chemin de fer de l'Est). Elle est enfermée aujourd'hui dans un ouvrage en maçonnerie de forme circulaire, recouvert d'une voûte en calotte sphérique et enveloppé de terre gazonnée qui marque l'origine de l'aqueduc de dérivation. Une vanne permet de la mettre en décharge dans l'ancien lit du cours d'eau, une autre de la jeter dans l'aqueduc ; on a, en outre, ménagé un moyen de jaugeage.

Le débit de la Dhuis est moyennement de 20.000 mètres cubes ; il tombe à 15.000 mètres cubes dans les périodes d'extrême sécheresse et peut s'élever, par contre, dans les périodes très humides, jusqu'à 25.000 et 26.000 mètres cubes.

L'eau, habituellement très limpide, devient brusquement louche, puis trouble à la suite des grandes averses, et surtout lorsque le ravin voisin est parcouru par les eaux sauvages qui descendent de la partie haute de la vallée et délavent les fossés du village d'Artonges. Ce ravin a été récemment revêtu, en partie, d'un pavage imperméable, surtout dans les parties de son parcours où il traverse des terrains absorbants. D'ailleurs, la source est mise en décharge, toutes les fois qu'elle se trouble, par le garde logé à proximité et l'eau n'en est plus dirigée sur Paris.

Quant à l'aqueduc de dérivation qui part du bassin de captage et aboutit au réservoir de Ménilmontant à la cote 108, il a un développement de 131 kilomètres et une pente totale de 20 mètres. Il traverse les quatre départements de l'Aisne, de Seine-et-Marne, de Seine-et-Oise et de la Seine.

Son tracé suit le flanc gauche des vallées de la Dhuis et du Surmelin, puis les coteaux de rive gauche de la vallée de la Marne, jusqu'un peu en amont de Lagny. Il traverse alors la rivière de Marne pour aller passer sous le fort de Vaujours, gagner Le Raincy,

Villemomble et Bagnolet et pénétrer enfin dans Paris par la porte de Ménilmontant.

Presque entièrement enterré, il ne présente sur tout ce parcours qu'un très petit nombre d'ouvrages apparents, à la traversée des vallées, vallons ou ravins : neuf ponts sous conduite libre de 1 à 4 mètres d'ouverture ; dix-neuf sous les siphons, dont les plus importants franchissent le Grand-Morin, au moyen d'une arche unique de 20 mètres d'ouverture, le canal latéral avec une arche de 14 mètres et la Marne au moyen de trois arches dont deux de 22 mètres et une de 27 mètres ; des regards aux têtes amont et aval des 21 siphons et des regards plus petits pour la visite à des intervalles d'environ 500 mètres. On y compte 101.970 mètres de tranchées, 11.209 mètres de souterrains et 16.984 mètres de siphons. La pente de l'aqueduc est partout de 0 m. 10 par kilomètre. La charge des siphons est réglée uniformément à raison de 0 m. 55 par kilomètre ; leur flèche varie de 2 à 26 mètres au passage de 14 vallées secondaires et atteint de 39 à 73 mètres pour les vallées principales.

Sur une longueur de 7.000 mètres environ à partir de la source, l'aqueduc est établi pour un débit de 300 litres par seconde ; il se compose d'abord d'un double conduit en maçonnerie, puis d'un type d'aqueduc ovoïde, présentant le gros bout en bas, de 1 m. 64 de hauteur et 1 m. 20 de largeur maxima, entre lesquels s'intercalent deux siphons, composés d'une file de tuyaux en fonte de 0 m. 80 de diamètre.

Au delà, l'aqueduc a reçu une augmentation de section en vue d'adductions complémentaires qui, jusqu'à présent, n'ont pu être réalisées, malgré des recherches multipliées et des acquisitions nombreuses de petites sources, dont le débit total est malheureusement trop peu important pour justifier des travaux de dérivation. Calculé pour un débit normal de 500 litres par seconde, il présente encore, dans les parties en conduite libre, une section ovoïde avec le gros bout en bas, de 1 m. 76 de hauteur et 1 m. 40 de largeur maxima : les siphons se composent d'une seule file de tuyaux de 1 mètre de diamètre.

Les parties en maçonnerie sont exécutées en petits matériaux et mortier de ciment avec chape sur la voûte et enduit de ciment à l'intérieur jusqu'un peu au-dessus de la ligne d'eau normale, qui est à 0 m. 55 de hauteur : tous les ouvrages apparents sont en maçonnerie brute simplement rejointoyée, sans aucun appareil ni ornement quelconque. Les siphons sont en fonte et composés de tuyaux à emboîtement et cordon avec joints à la corde et au plomb.

Les travaux commencés à la fin de juin 1863, en vertu d'un décret d'utilité publique du 4 mars 1862, ont duré un peu plus de deux ans, puisque l'eau fut introduite dans l'aqueduc le 2 août 1865. Ils ont été exécutés sous les ordres de Belgrand, alors ingénieur en chef, par MM. Vallée et Huet, ingénieurs ordinaires des ponts et chaussées. La dépense, conformément aux prévisions du décret d'autorisation, a été de 18 millions de francs.

L'aqueduc aboutit à Paris, ainsi qu'on l'a dit, dans un réservoir, dit de Ménilmontant, construit en bordure des rues Saint-Fargeau, Darcy et du Surmelin. C'est une construction à deux étages super-posés, comportant des compartiments destinés à recevoir de l'eau de source pour le service privé et des bassins distincts pour l'eau de rivière et le service public.

Le plus élevé des compartiments de ce réservoir affecte, en plan, la forme d'un demi-cercle de 95 m. 40 de rayon, complété par un rectangle construit sur le diamètre de 44 m. 80 de largeur, tandis que l'autre disposé au-dessous, mais de surface moindre, figure presque un carré de 100 mètres environ de côté. L'étage supérieur reçoit l'eau de la Dhuis. Il a une épaisseur de 5 mètres et peut contenir 100.000 mètres cubes environ, quand le plan d'eau atteint la cote 108.

A l'étage inférieur aboutit l'eau de Marne, refoulée par l'usine de Saint-Maur. Cet étage a son trop-plein à l'altitude de 100 m. 20 et peut contenir 28.000 mètres cubes environ, sous l'épaisseur de 4 mètres.

Tous deux sont établis en déblai, dans l'épaisseur de la couche des marnes vertes : le radier du second repose sur les marnes de gypse. Ils sont séparés par des voûtes d'arêtes de 0 m. 35 d'épaisseur à la clef en meulière et ciment de Vassy ; les bassins supérieurs sont recouverts par des voûtes en briquettes de 0 m. 07 d'épaisseur, portées par des piliers espacés de 6 mètres d'axe en axe. L'ensemble a coûté 4.000.000 de francs.

Distance de Paris. — La distance de Paris (parvis Notre-Dame) à Bagnolet est de 6 kil. 100.

Distance des autres communes du canton. — Les Lilas sont à 1 kil. 500 ;

Pantin est à 4 kilomètres;
Le Pré-Saint-Gervais est à 2 kil. 200.

Égouts. — Le territoire de Bagnolet présente une très forte dépression de terrain dans le thalweg de laquelle coulait le ru de Bagnolet ou des Orgueilleux, alimenté par une source qui renouvelle l'eau d'un étang compris dans une propriété privée. Ce ru est maintenant (fin 1901) complètement remplacé par un égout couvert. Cet égout, qui a été prolongé sur le plateau de Bagnolet et au delà, jusqu'à la traverse des Lilas, par la route départementale n° 17, a une longueur de 3.070 mètres sur le territoire de Bagnolet.

La longueur totale du réseau des égouts et canalisations est de 5.347 mètres, se décomposant comme suit :

Département (*égouts*)	4.135 mètres	(dont 390 mètres en mitoyenneté avec Montreuil).
Ville de Paris (*égout*)	66 —	(dépôt de pavés)
Particuliers. — Canalisations . . .	226 —	(dépôt des tramways de l'Est-Parisien)
	597 —	(fabrique Borrel)
Commune. — Canalisations. . . .	323 —	
Total	5.347 mètres	

La commune rembourse au département une partie des frais de curage des égouts d'intérêt général; la somme payée de ce chef, en 1900, a été de 857 francs.

Moyens de transport. — La commune de Bagnolet n'est desservie directement par aucune ligne de chemin de fer.

En revanche, plusieurs lignes de tramways à traction électrique la mettent en communication tant avec Paris qu'avec les autres localités avoisinantes du département.

Enfin, les lignes d'omnibus à traction animale de Charonne-Place d'Italie et de Ménilmontant-Gare Montparnasse, ne pénètrent pas sur le territoire de la commune, mais en ont leur terminus tellement près qu'elles peuvent être considérées comme desservant Bagnolet.

Les lignes de tramways précitées sont exploitées par la Compagnie de l'Est-Parisien qui a été substituée à la Compagnie du tramway de Paris à Romainville par décret du 3 mars 1900. Elles sont exploitées par traction électrique de deux systèmes distincts : 1° par contacts superficiels du système Diatto pour toutes les sections des lignes intra muros ; 2° par conducteurs aériens et trolleys pour toutes les autres parties du réseau.

Les voitures automotrices en service sur le réseau sont de deux modèles, qui ne diffèrent d'ailleurs essentiellement que par leurs dimensions.

Toutes les automotrices sont sans impériale ; elles comportent une plate-forme centrale contiguë à deux compartiments opposés séparés chacun d'une plate-forme extrême, destinée au mécanicien et pourvue de tous les appareils nécessaires pour régler la marche et obtenir l'arrêt.

Ces voitures portent ou non des frotteurs du système Diatto, selon qu'elles ont à desservir ou non des portions de voies exploitées par ce système. Toutes sont munies de trolleys pour assurer leur circulation sur les sections à conducteurs aériens.

Elles sont éclairées par deux circuits de cinq lampes électriques et par deux lampes à pétrole qui assurent les feux de position ; elles sont chauffées pendant l'hiver par des chaufferettes système Fabre.

Ce réseau de la Compagnie des tramways de l'Est-Parisien est dans son entier alimenté par une usine génératrice de courants triphasés à haute tension (5.000 volts) située à Port-à-l'Anglais.

Cette usine transmet son énergie à des sous-stations convenablement réparties qui transforment les courants triphasés en courant continu à 550 volts que des feeders d'alimentation répartissent sur les différentes parties du réseau.

Les sous-stations sont situées aux points suivants :

Quai de la Tournelle, n° 1 ; avenue de la République, n° 5 ; au dépôt de Saint-Maur ; au dépôt de Bagnolet ; rue Vitot, à Vincennes ; rue de la Gare, au Raincy ; à l'usine de Vitry-sur-Seine.

La Compagnie a établi un dépôt, savoir :

Au Lilas-Bagnolet pour les lignes : Noisy-le-Sec-Opéra ; Raincy-Place de la République ; Fontenay-Place de la République ; Bagnolet-Opéra ; Gargan-Concorde par Romainville.

Voici quelques détails sur l'itinéraire de chacune de ces lignes et sur les prix par sections :

De l'Opéra à Bagnolet. — Itinéraire : rue du Quatre-Septembre, place de la Bourse, rue Réaumur, square du Temple, place et avenue de la République, avenue et place Gambetta, rue Belgrand, rue de Vincennes, mairie de Bagnolet.

Tarif : intérieur de Paris, 1re classe o fr. 15, 2e classe o fr. 10 ; des fortifications à Bagnolet, 1re classe o fr. 10, 2e classe o fr. o5.

De Montreuil à la place de la République. — Itinéraire : place et avenue de la République, avenue et place Gambetta, rue Belgrand, rue de Vincennes (Bagnolet), place de la République, rue des Écoles, rue de la Solidarité (Montreuil).

Tarif : intérieur de Paris, 1re classe o fr. 15, 2e classe o fr. 10 ; des fortifications à la place de la République (Montreuil), 1re classe o fr. 10, 2e classe o fr. o5 ; de la place de la République (Montreuil) à la rue de la Solidarité, 1re classe o fr. 10, 2e classe o fr. o5.

De Fontenay-sous-Bois à la place de la République. — Ligne concédée, par décret du 3o mars 1899, à la Compagnie du tramway électrique de Paris à Romainville.

Tracé extra muros : place de la Station, à Fontenay, chemin de grande communication n° 40, rues de la Solidarité, de la Fédération, de l'Union, le chemin de grande communication n° 20, le chemin vicinal n° 18, la place de la République à Montreuil, le chemin de grande communication n° 3g, la route départementale n° 18.

Tracé intra muros : la porte de Bagnolet, la rue Belgrand, la place Gambetta, l'avenue Gambetta, l'avenue et la place de la République.

La ligne comporte deux voies à l'intérieur de Paris, et une voie unique, avec garages, dans la partie hors Paris.

De Bondy à la place Saint-Michel. — Ligne concédée, par décret du 3o mars 1899, à la Compagnie du tramway électrique de Paris à Romainville.

Tracé extra muros : gare de Gargan, avenue Victor-Hugo, route nationale n° 3, routes départementales n°s 17 et 18, rues Sadi-Carnot, du Progrès, de Paris, route départementale n° 18.

Tracé intra muros : porte de Bagnolet, rues de Bagnolet, de Charonne, Keller, de la Roquette, place de la Bastille, boulevard Bourdon, rues Mornay, de Schomberg, boulevard Morland, Henri-IV, pont Sully, quais de la Tournelle, de Montebello, Saint-Michel et place Saint-Michel.

La ligne est à double voie dans l'intérieur de Paris, sauf dans les rues de la Roquette, Keller, et dans la partie de la rue de Bagnolet comprise entre la rue Florian et la rue des Balkans. Elle l'est aussi au droit de l'avenue Victor-Hugo à Bondy. Partout ailleurs, la ligne comporte une voie unique, avec garages.

Longueur construite à Paris, 4,645 mètres ; en banlieue, 5.376 mètres.

Éclairage. — La commune est éclairée au gaz, dont la fourniture est faite par la Compagnie parisienne du gaz, en vertu d'un traité en date du 5 mars 1864. Cet acte, qui vient à expiration en même temps que la concession de la Compagnie à Paris, règle les conditions dans lesquelles aura lieu cette fourniture, tant pour l'éclairage public que pour l'éclairage privé.

Le premier, qui comprend toutes les voies publiques existantes et à créer, ainsi que tous les établissements municipaux et militaires désignés par l'autorité administrative, est payé à raison de 0 fr. 175 le mètre cube pour les consommations constatées au moyen du compteur. Pour les éclairages à l'heure, le prix est calculé d'après la série des becs employés, conformément à des données inscrites au traité.

Celui-ci règle, en outre, les heures d'allumage, sa durée et tout ce qui est relatif, soit aux agents, soit au matériel, à son entretien et à l'exécution des travaux.

En ce qui concerne l'éclairage particulier, la Compagnie n'est tenue de fournir le gaz qu'autant qu'il a été contracté un abonnement de trois mois au moins, d'après une police d'un modèle prévu.

Le gaz est fourni, soit au compteur, soit au bec et à l'heure ; dans le premier cas, le prix est fixé, pour toute la durée de la concession, à 0 fr. 35 le mètre cube.

Quant au prix de vente du gaz livré à l'heure, il est débattu de gré à gré entre la Compagnie et l'abonné.

En ce qui concerne l'application du gaz au chauffage, la Compagnie doit se conformer aux mesures qui lui seront prescrites par l'administration municipale, avec cette réserve qu'elle ne sera tenue de fournir du gaz pour cet usage, pendant le jour, qu'autant que les quantités réclamées équivaudront, au minimum, à la moitié du gaz employé à l'éclairage public et particulier.

Enfin, un article contient la disposition suivante : A l'expiration du traité, c'est-à-dire le 31 décembre 1905, la commune de Bagnolet deviendra propriétaire de plein droit et entrera de suite en possession des tuyaux, robinets, siphons, regards, valves et autres accessoires qui existeront alors sous la voie publique.

Le nombre des appareils éclairants qui existent sur la voie

publique est de 85. La consommation par mètre courant de conduite a atteint, en 1899, 15 m. 618.

Les rues dans lesquelles il n'a pas encore été établi de canalisation pour le gaz sont éclairées au pétrole. La commune a, dans ce but, acquis des lampes à raison de 0 fr. 90 et de 1 fr. 40 pièce ; 91 fonctionnent actuellement. Elles sont allumées et entretenues par deux lampistes qui reçoivent un traitement annuel de 1.500 francs ; ils sont en même temps cantonniers.

L'entretien et le renouvellement de ces appareils a nécessité, en 1900, une dépense de 2.000 francs ; les frais d'éclairage se sont élevés à 12.205 fr. 25, dont 8.429 francs pour l'éclairage au gaz.

Eaux. — La commune a traité, pour son alimentation en eau, avec la Compagnie générale des Eaux, aux termes d'un acte en date du 12 juillet 1870 qui doit prendre fin le 12 juillet 1920.

Le tarif des abonnements a été fixé au prix ci-après :

Pour 150 litres par jour, 40 francs, soit 0 fr. 73 par mètre cube
— 250 — 70 — 0 fr. 77 —
— 500 — 100 — 0 fr. 55 —
— 1.000 — 160 — 0 fr. 44 —
Au-dessus de 1.000 litres par jour, 80 francs les 500 litres, soit 0 fr. 43 par mètre cube.

Au-dessus de 1.000 litres, il n'est pas admis d'augmentation pour des quantités inférieures à 500 litres.

Pour toute fourniture supérieure à 1.000 litres, la Compagnie traite de gré à gré, sans qu'en aucun cas le prix du mètre cube puisse être inférieur à 80 francs.

Au 1er janvier 1899, le nombre des abonnés dans la commune était de 171.

26 bornes-fontaines sont installées sur la voie publique, ainsi que 14 bouches de lavage.

La commune reçoit gratuitement 3.500 litres d'eau par jour, tant pour le service de ses bouches d'eau que pour celui de ses établissements.

La dépense pour abonnement aux eaux s'est élevée, en 1900, à 12.379 fr. 84.

En vertu d'une convention du 20 janvier 1894, conclue entre M. le Préfet de la Seine, agissant au nom du département et pour le compte des communes de la Seine, et la Compagnie générale des Eaux, la commune est alimentée, depuis le 1er janvier 1896, en eau épurée et filtrée, moyennant le payement d'un centime supplémentaire par mètre cube ; cette majoration du tarif s'applique aux services publics payants ou gratuits ainsi qu'à la consommation privée.

§ IV. — JUSTICE ET POLICE

Justice de paix. — La commune de Bagnolet dépend de la justice de paix de Pantin, dans la circonscription de laquelle se trouvent les communes de Pantin, Bagnolet, Les Lilas, Le Pré-Saint-Gervais, Noisy-le-Sec, Romainville et Bobigny.

Les audiences ont lieu pour les justiciables de Bagnolet, en ce qui concerne les avertissements, le lundi, à 2 heures, aux Lilas. Les audiences civiles se tiennent le vendredi à 2 heures à Pantin ; celles de simple police le 1er vendredi de chaque mois à 2 heures et les conseils de famille les mardis et vendredis à 2 heures, également à Pantin.

Officier ministériel. — Il n'y a pas d'officier ministériel à Bagnolet.

En ce qui concerne les notaires, l'article 3 de la loi du 12 avril 1893, portant augmentation du nombre des circonscriptions cantonales des arrondissements de Saint-Denis et de Sceaux, dispose que ces officiers continueront d'exercer leurs fonctions dans toute la circonscription de la justice de paix. En conséquence, ce sont les notaires de Pantin et de Noisy qui instrumentent à Bagnolet.

La commune dépend du 3e bureau des hypothèques de la Seine.

Le bureau de l'enregistrement est situé à Pantin, rue de Paris, n° 133.

Commissariat et agents de police. — La commune dépend du commissariat de police des Lilas, qui comprend 1 commissaire, 1 secrétaire, 1 brigadier et 28 agents.

Aux termes d'un décret en date du 16 février 1892, relatif à l'organisation des commissariats de police du département de la Seine (Paris excepté), ce commissariat a dans sa circonscription les communes des Lilas, Bagnolet, Noisy-le-Sec, Romainville, Rosny-sous-Bois et Villemomble.

La proportion dans laquelle chaque commune contribue aux dépenses de police est fixée par le Préfet du département de la Seine, en Conseil de préfecture, en exécution de l'article 3 de la loi du 10 juin 1853.

D'après l'article 3 de la loi du 30 décembre 1873, ces dépenses sont prélevées sur les recettes attribuées à chaque commune sur le produit d'octroi de banlieue.

La somme reçue en 1900, par Bagnolet, pour le service de la police, s'est élevée à 11.187 francs ; la dépense s'est élevée, la même année, à 9.466 francs.

Gendarmerie. — Une brigade de gendarmerie est stationnée dans la commune. Elle a son casernement dans un immeuble, sis rue de Ménilmontant, n° 23.

Cette brigade a la surveillance de la commune.

Garde champêtre. — Un seul garde champêtre qui reçoit un traitement de 1.300 francs et une indemnité d'habillement.

Gardes messiers. — 12 gardes messiers.

§ V. — CULTES

Paroisse. — Bagnolet constitue une succursale dont le desservant reçoit un traitement annuel de 1.200 francs à raison de son âge. On verra au compte de la fabrique ci-dessous que ce fonctionnaire reçoit sur le budget de cet établissement un supplément de traitement de 1.500 francs.

Conformément à l'article 3 du décret du 30 novembre 1809, le Conseil de fabrique de la paroisse de Bagnolet se compose de 9 membres, le chiffre de la population dépassant 5.000 habitants.

Voici le compte de cet établissement pour 1899-1900 :

RECETTES

Produit des biens	1.228,30
— des rentes avec ou sans fondation	575,80
— de la location des chaises	848,30
— des quêtes pour les frais du culte	805,75
Part revenant à la fabrique dans les droits perçus sur les services religieux :	
Mariages	129,50
Convois et services	805,50
Produit des frais d'inhumation, monopole ou remise des pompes funèbres	5.367,85
Produit de la cire et du luminaire revenant à la fabrique	613 »
Excédent de recettes de l'exercice 1898	1.783,30
Total	12.154,30

DÉPENSES

Objets de consommation pour les frais ordinaires du culte.	1.050,90
Réparations d'ornements, vases, etc.	1.141,60
Honoraires des prédicateurs	200 »
Maîtrise	2.763,50
Entretien de l'église et du presbytère.	1.375 »
Traitement des vicaires	2.220 »
Logement du desservant.	1.500 »
Charges des fondations.	385 »
Charges des biens	211,28
Frais d'administration	25,70
1/10 du produit net de la location des chaises pour la Caisse de secours des prêtres âgés et infirmes.	104,72
Frais de locations pour solennités	10 »
Entretien du mobilier.	800 »
Total.	11.787,70
Soit un excédent de recette de	360,50

Fondations. — Les biens dont le produit s'élève à 1.228 fr. 30 consistent en cinq immeubles, dont les prix de location respectifs sont de : 450 francs ; 375 francs ; 83 fr. 30 ; 280 francs et 40 francs. Le produit des fondations proprement dites est le suivant :

Maurice Colombier.	212 »
Chatel-Lahaye.	101 »
Villain.	75 »
Souchet	62 »
Hornet-Bidault.	97 »
Legs Caillat	28,80
Total.	575,80

Le legs Colombier consiste en une somme de 6.000 francs, dont les arrérages sont destinés à entretenir un monument funèbre et à célébrer 3 messes par an ; le surplus doit être employé à l'ornementation et à l'embellissement d'une chapelle de l'église.

Par le même acte, il fut attribué à la fabrique une somme de 2.500 francs pour achat d'ornements.

Le décret qui a autorisé l'acceptation est du 13 février 1882.

Congrégations. — Ainsi qu'on le dira page 77, les sœurs de la Providence de Portieux dirigent, rue de Montreuil, n° 19, une école maternelle et une école privées spéciale aux filles.

§ VI. — SERVICES DIVERS

Postes, télégraphe, téléphone. — Le bureau de poste, qui comprend, en outre, les services télégraphique et téléphonique, est installé dans un local situé rue du Progrès, n° 5. Il constitue un bureau de l'État dans les dépenses duquel la commune n'intervient que pour payer certains frais peu importants, tel que le salaire du porteur de dépêches qui s'élève à 600 francs par an. Elle alloue une indemnité de 400 francs à la receveuse pour que le service ne soit pas interrompu de midi à 2 heures.

Le bureau est ouvert de 7 heures du matin à 7 heures du soir en été et à partir de 8 h. 1/2 heures seulement l'hiver.

Le personnel comprend 1 receveuse, 3 aides et 3 facteurs, non compris le porteur de dépêches.

Le télégraphe a été installé en vertu d'une décision ministérielle du 30 novembre 1885. Le service a commencé à partir du 1er janvier 1886.

Le téléphone fonctionne depuis 2 ans environ.

Les boîtes, au nombre de 6, non compris celle du bureau, se trouvent aux adresses ci-après : rue de Paris ; rue de Vincennes, n° 143 ; rue des Lilas ; rue du Pont-Vert au coin de la rue des Coutures et rue Sadi-Carnot aux n°s 143, 62 et 4.

Caisse d'épargne postale. — Voici le résumé des opérations effectuées, en 1901, à Bagnolet par la Caisse nationale d'épargne postale :

132 livrets nouveaux ont été délivrés représentant une somme de 17.280 fr. 95.

959 versements ont été effectués sur des livrets pris antérieurement, représentant une somme de 57.739 fr. 89.

Le nombre des remboursements s'est élevé à 239 ; ils ont porté sur une somme de 44.118 fr. 62.

Sapeurs-pompiers. — L'effectif des sapeurs-pompiers comprend, aux termes du décret de 1875, 20 hommes, savoir : 1 sous-lieutenant, 1 sergent-fourrier, 2 caporaux, 2 clairons, 14 sapeurs.

Voici les sommes qui figurent au compte de 1900 pour ce service :

Solde des tambours et clairons.	150 »
Assurance ou secours et pensions en faveur des sa-peurs-pompiers blessés, de leurs veuves ou de leurs enfants	125,10
Habillement et équipement	43,25
Entretien des pompes et accessoires	88 »
Frais de déplacements, indemnités ou gratifications.	525 »
Remise des pompes ; loyer, entretien	18,25

L'assurance dont il est question a été contractée pour une durée de 10 ans, en vertu d'une police en date du 18 septembre 1895. Le montant de la prime est calculé à raison de 6 fr. 25 par homme.

La Compagnie assureur aurait à payer, en cas d'accident, des secours dont le taux varie d'après la gravité des blessures ; il est de 3.000 francs en cas de décès et de 400 francs de rente en cas d'infirmité. Pendant une durée de 90 jours, elle paye, en cas de maladie entraînant incapacité de travail, une indemnité journalière de 2 francs.

Une Société de membres honoraires a été fondée par délibération du Conseil municipal du 10 novembre 1879 ; ses statuts ont été approuvés le 20 juillet 1880. Elle a pour but de secourir les pompiers à qui il survient un accident en service. Elle compte actuellement 112 adhérents. En 1901, ses recettes se sont élevées à 827 fr. 30 et ses dépenses 583 fr. 05.

Le crédit inscrit sous la rubrique « frais de déplacements, indemnités ou gratifications » est destiné à indemniser les hommes de toute perte de temps qu'ils pourraient éprouver à raison de leur service.

La loi du 13 avril 1898 a établi un impôt de 6 francs par million de valeurs assurées ; le produit de cet impôt est réparti entre les communes qui ont un corps de sapeurs-pompiers ; c'est ainsi qu'en 1900 la commune a reçu une somme de 152 francs.

Cette allocation doit être employée à contracter une assurance à la Caisse nationale d'assurance contre les accidents, en vue de pensions aux sapeurs-pompiers, en cas de blessures ou d'accidents graves entraînant l'incapacité permanente de travail, à leurs veuves et orphelins mineurs en cas de décès par suite d'accidents en service.

Le surplus est employé à donner des secours pour soins médicaux et interruption de travail par suite d'accidents en service ; à donner des secours annuels renouvelables aux pompiers ayant au moins vingt-cinq ans de service et soixante-cinq ans d'âge ; à l'achat et à l'entretien du matériel d'incendie.

Depuis cette législation, l'incapacité temporaire de travail, l'incapacité relative et les soins médicaux et pharmaceutiques ainsi que les frais funéraires sont seuls à la charge des communes.

Le matériel est remisé rue Charles-Graindorge, n° 24, dans un immeuble appartenant à la commune ; il consiste essentiellement en 2 pompes, 1 dévidoir et 1 chariot.

A l'école des Coutures, est remisée une pompe.

Marchés. — Il n'existe ni marché aux comestibles, ni marché aux fourrages. Depuis 5 ou 6 ans, un marché à la ferraille est installé rue du Centenaire, sans abri d'aucune sorte.

La perception des droits effectuée à raison de 0 fr. 10 par mètre a produit en 1900 une somme de 675 francs.

Pompes funèbres. — Une délibération du Conseil municipal de Bagnolet, en date du 13 avril 1883, approuvée le 29 janvier 1887, a fixé les conditions dans lesquelles doit fonctionner le service des pompes funèbres dans la commune.

Cette délibération décide que le transport des corps des personnes âgées de plus de 7 ans sera exécuté par corbillard attelé de deux chevaux noirs et que, pour les enfants au-dessous de cet âge, il sera fait emploi d'un petit brancard.

Aux termes de cette délibération, le tarif du service extérieur prévoit 4 porteurs dans chaque classe et fixe leur salaire à 40 francs dans les 3 premières classes et à 20 francs dans la 7ᵉ et dernière ; le prix du creusement de la fosse varie de 10 francs dans les premières classes à 5 francs en 7ᵉ classe ; le salaire du porteur d'ordres est uniformément fixé à 2 francs pour toutes les classes. Enfin, un droit fixe de 10 francs est dû dans tous les cas. Cette dernière perception est destinée à couvrir les dépenses qu'entraînent le transport et l'inhumation des indigents, c'est-à-dire le salaire des porteurs et la dépense occasionnée par le corbillard. Cette perception, appelée taxe, donne lieu, en fin d'année, à un décompte. Si le produit excède le total des dépenses pour les inhumations d'indigents, calculées sur les bases qui viennent d'être indiquées, l'excédent doit être distribué à l'ordonnateur et aux porteurs, proportionnellement aux sommes déjà reçues par eux. Dans le cas contraire, le déficit doit être supporté par la fabrique qui a le droit de réclamer au Conseil municipal la revision de la taxe. De son côté, la municipalité a toujours le droit de la modifier, si elle était trop élevée.

La même délibération décide que l'ordonnateur et les porteurs seront nommés par le maire et agréés par la fabrique.

Elle met à la charge de la fabrique :

1º Les fournitures et l'entretien des costumes de deuil de l'ordonnateur et des porteurs ;

2º Les frais de transmission des ordres dans la localité et au dehors, pour le service ordinaire et l'inhumation des indigents ;

3º La fourniture d'estampilles en plomb pour bières et cercueils portant l'année et le numéro d'enregistrement du décès.

Elle lui impose également l'obligation d'avoir, dans la commune, un magasin de bières et cercueils suffisamment approvisionné pour parer à toutes les éventualités.

De son côté, la fabrique paroissiale de Bagnolet n'exerce pas elle-même le monopole des fournitures pour les convois funèbres que lui ont conféré les décrets des 23 prairial an XII et 18 mai 1806. Elle a donné à bail, en vertu d'une délibération du 15 janvier 1885 qui a fixé le tarif du service intérieur, à l'entreprise des Pompes funèbres générales, la fourniture de tous les objets concernant ce service et celui des inhumations, à l'exception de la fourniture de la cire et de tout le luminaire de l'église qu'elle s'est réservée. Cette cession a été faite pour une durée de trois années, à la date du 16 janvier 1885. Cet acte a été approuvé par arrêté du 29 janvier 1887. C'est sous le régime établi par cet acte, qui n'a pas été renouvelé, que paraît fonctionner le service actuellement.

Les commandes sont reçues par un préposé spécial, dont les bureaux se trouvent rue Charles-Graindorge, nº 4.

Il n'y a pas d'ordonnateur.

Le concessionnaire assume la charge de l'inhumation des indigents et les fournitures et frais qui, aux termes de la délibération du Conseil municipal, devaient être supportés pour la fabrique.

Il s'engage, en outre, à faire toutes les fournitures demandées par les familles, aux prix fixés par un tarif annexé au contrat et à rémunérer le préposé spécial qu'il doit avoir dans la commune.

Le partage des bénéfices entre l'entrepreneur et la fabrique a lieu dans les conditions suivantes : le concessionnaire prélève, avant tout partage, le produit de la taxe, le prix des bières en volige comme compensation de la fourniture gratuite des bières aux indigents, le prix des transports hors de la commune, qui ne sont pas monopolisés, enfin le prix des voitures vernies spécialement destinées au ministre du culte, pour le conduire au cimetière.

Ces prélèvements faits, la Société paye à la fabrique :

5o % sur les fournitures en location, sauf les berlines de deuil ;

6o % sur les fournitures pour services anniversaires ;

20 % sur les cercueils et fournitures réelles, qui restent la propriété des familles ;

15 % sur les berlines de deuil, faisant cortège ;

5 % sur les omnibus funéraires.

On a vu, au compte de la fabrique, que le monopole des pompes funèbres avait produit, en 1899-1900, 5.367 fr. 85.

Les fosses sont creusées par un fossoyeur, nommé par le maire et qui reçoit 4 francs par fosse d'adulte et 3 francs par fosse d'enfant, même quand il s'agit d'inhumation d'indigents.

En ce qui concerne le service religieux, il n'existe pas dans le diocèse de tarif approuvé, autre que celui de Paris, qui est appliqué, avec des variantes, selon les paroisses.

Bureaux de tabac.— Rue Sadi-Carnot, n° 6o ; rue de Vincennes, n° 143 ; rue du Pont-Vert, au coin de la rue des Coutures ; rue de Paris, n° 17.

Bibliothèque municipale.— La bibliothèque municipale, fondée en 1895, est installée dans la mairie. Elle est ouverte deux fois par semaine, les jeudis et dimanches, de 9 heures à midi.

Elle contient 639 volumes à la disposition de 110 lecteurs inscrits. Elle ne comporte que le service de prêt à domicile.

Le service est assuré par un employé de la mairie qui reçoit 100 francs par an. En 1900, une somme de 475 francs figure au compte administratif pour entretien et renouvellement de volumes. D'autre part, la commune a reçu, la même année, une subvention départementale de 100 francs pour la bibliothèque.

Voici, pour l'année 1900, la statistique des prêts :

Sciences, Arts et Enseignement	Histoire	Géographie et Voyages	Agriculture et Industrie	Littérature, Poésie, Théâtre	Romans	Bibliothèque enfantine	Total des prêts
149	105	147	325	77	1.570	»	2.373

Archives. — Les archives contiennent les registres paroissiaux de 1672 à 1792 ; les années 1678, 1679, 1680 et 1681 manquent ainsi que les années 1693 à 1698 inclus ;

Les registres de l'état civil jusqu'à nos jours ;

Un terrier portant la date de 1727, admirablement conservé et et en parfait état ; d'après une mention inscrite à la première page, il contient les plans de tous les cantons de la terre et seigneurie de Bagnolet avec les noms des tenanciers et censitaires ;

Un plan cadastral parcellaire de la commune de Bagnolet terminé sur le terrain le 4 juillet 1812 ;

Deux procès-verbaux de bornage, — janvier et février 1771 ;

Deux vues du château de Bagnolet appartenant à S. A. le duc d'Orléans, l'une prise de la grille en face du château, l'autre du côté du jardin du bord du bassin. Toutes deux portent la mention :

A Paris chez Rigaud, rue Saint-Jacques, près les Mathurins.

Registre des délibérations du Conseil municipal depuis le 22 frimaire an IX.

§ VII. — PERSONNEL COMMUNAL

NOMBRE	EMPLOI	TRAITEMENT
1	Médecin de l'état civil	750 francs
	Le même pour le Bureau de bienfaisance	1.000 —
1	Secrétaire de la mairie (logé)	2.800 —
1	Secrétaire adjoint (logé)	2.000 —
1	Employé	1.200 —
1	Concierge (la femme de l'appariteur)	450 —
1	Receveur municipal. — Percepteur des Lilas	2.365 —
1	Architecte	5 % sur les mémoires
1	Agent voyer communal	1.000 —
1	Préposé en chef de l'octroi	2.600 —
1	Surveillant —	1.700 —
3	Receveurs —	5.100 —
1	Garde champêtre (logé)	1.470,82
12	Gardes messiers	non rétribués
1	Appariteur (logé)	1.300 —
1	Gardien du cimetière (logé)	700 —
1	Concierge des écoles (logé)	1.400 —
4	Femmes de service	2.200 —
1	Tambour-afficheur	225 —
1	Chef cantonnier (logé)	1.800 —
4	Cantonniers	6.000 —
1	Lampiste (logé)	1.500 —

III.— RENSEIGNEMENTS DIVERS

Fête locale. — La fête communale a lieu le 2e dimanche du mois d'août. Elle dure trois semaines.

Une fête printanière a lieu dans le quartier des Coutures.

Enfin, une fête d'automne se tient sur le Plateau.

Il n'y a pas de *foire*, ni *courses de chevaux.*

Principales industries. — Les industries ne sont ni nombreuses, ni importantes à Bagnolet. On y trouve cependant une fabrique de colle qui occupe une centaine d'ouvriers ou ouvrières et dispose d'une force de 5o chevaux-vapeur ; une fabrique de savon qui emploie 6o ouvriers ou ouvrières et utilise une force de 3o chevaux ; des fabriques de roulettes pour meubles (2o ouvriers), de cuir vernis pour la carrosserie (15 ouvriers), de caoutchouc, de cartonnages. On y trouve 3 briqueteries dont la plus importante occupe 4o ouvriers environ ; elle aurait extrait pendant les 5 dernières années plus 1oo.ooo tonnes de marne et d'argile.

L'industrie la plus importante est celle de l'extraction du plâtre. L'exploitation porte sur 1o hectares environ. Elle occupe 45 ouvriers et donne une production annuelle de 14.ooo mètres cubes de plâtre.

La culture est aussi très florissante dans la commune. On trouvera dans le tableau ci-après les renseignements relatifs aux surfaces occupées par chaque culture. En voici quelques autres qui les compléteront. Il y aurait, à Bagnolet, environ 15o cultivateurs. Ils font peu de légumes, et en fait de légumes presque exclusivement des pois verts ; mais ils cultivent surtout les fruits et les fleurs. En ce qui concerne les premiers, les plus appréciés sont les pêches et les pommes ; on cite ensuite les poires, les prunes, les groseilles,

les framboises. La pêche dite de Montreuil, cultivée dans toute la région, est universellement connue.

On récolte à Bagnolet des pommes, dites de *calville*, qui se vendent jusqu'à 1 franc pièce.

On produit aussi, avons-nous dit, des fleurs, notamment des des roses, des pivoines, boules de neige, seringas, œillets, lilas, etc.

Citons enfin la culture de la vigne, mais pour sa feuille et non pour son fruit. Celle-ci sert, soit à entourer les fruits, soit à les présenter.

Voici le tableau de la répartition des cultures :

TERRITOIRE			CULTURES LABOURABLES						
TOTAL	Agricole	Non agricole	Froment	Seigle	Avoine	Haricots	Pois	Pommes de terre alim.ntaires	Divers
hectares	hectares	hectares	hectare	hectare	hectare	hectares	hectares	hectares	hectares
305	229	76	1	1	1	2	3	5	8
							21		

PRAIRIES ARTIFICIELLES	ARBORICULTURE				HORTICULTURE			VITICULTURE	
	Pommiers, poiriers	Pêchers, abricotiers	Pruniers, cerisiers	Pépinières	Potagers maraîchers pour la vente	Culture florale pour la vente	Parcs de plaisance pour la famille	Vignes	Superficie non cultivée
hectare	hectares	hectares	hectares	hectares	hectares	hectares	hectares	hectares	hectares
1	20	54	3	11	2	5	86	6	20
			88			93		26	

Le rendement moyen est le suivant :

Froment.	25 hectolitres
Avoine.	43 —
Pommes de terre alimentaires	140 quintaux
Vignes	45 hectolitres

Établissements privés d'enseignement. — Il n'existe qu'une école maternelle privée et une école spéciale aux filles ; elles sont toutes deux situées rue de Montreuil, n° 19, et tenues, par les sœurs de la Providence de Portieux.

L'école maternelle comprend 1 classe maternelle qui a été fréquentée, en 1900, par 23 garçons et 25 filles de moins de 6 ans.

Au 1ᵉʳ décembre 1900, il y avait à l'école 29 enfants et 41 au 1ᵉʳ juin suivant.

L'école spéciale aux filles comprend 3 classes primaires élémentaires. Elle a été fréquentée, au cours de 1900, par 71 élèves de 6 à 13 ans, dont 61 étaient présentes à l'école le 1ᵉʳ décembre 1900 et 64 le 1ᵉʳ juin.

Le personnel enseignant comprend 1 directrice et 2 adjointes.

Sociétés diverses. — Il y a, à Bagnolet, une Société de gymnastique, « la Revanche de Bagnolet », comprenant 30 membres qui payent chacun une cotisation de 6 francs par an. Elle reçoit sur le budget communal une subvention de 100 francs par an.

Une fanfare, « l'Avenir de Bagnolet » ; elle compte 30 membres payant une cotisation de 6 francs par an.

Une harmonie, « l'Union musicale », qui compte 35 membres payant aussi 6 francs par an.

Un choral, dit « Choral de Bagnolet » ; il comprend 42 membres payant chacun 12 francs par an.

Il existe aussi 2 compagnies de « Chevaliers d'arc » comptant chacun de 20 à 30 membres.

Dépôt de pavés de la Ville de Paris. — En 1897, la Ville de Paris a fait installer, à Bagnolet (rue du Bel-Air), un dépôt de pavés, d'une superficie de 17.000 mètres carrés, dépendant du service de l'ingénieur de la 4ᵉ section dont le siège est à la mairie du XIᵉ arrondissement.

Ce dépôt est destiné spécialement à recevoir les pavés vieux provenant des réfections de chaussée du XIᵉ et XIIᵉ arrondissements, les pavés neufs destinés à l'entretien de ces quartiers, ainsi que les bordures de trottoir et les dalles qui sont repiquées au dépôt.

Le dépôt de Bagnolet occupe environ 45 ouvriers qui se répartissent ainsi :

Ouvriers municipaux . . {	Compteurs de pavés . . .	6
	Trieurs et étaleurs	7
Associations ouvrières. . {	Piqueurs de grès	6
	Casseurs de pierre	8
	Piqueurs de granit	3
Entreprise . . . . |	Manœuvres	15

Il entre par an au dépôt environ 1.000.000 de pavés vieux et 1.000.000 de pavés neufs. Les pavés vieux sont triés en diverses catégories, savoir :

1° Les pavés de choix, pris parmi les plus beaux ; ils sont triés et empilés par échantillons et par nature de pierre ;

2° Les pavés à retailler, dont la qualité est bonne comme nature de pierre, mais qui ne peuvent être employés tels qu'ils arrivent au dépôt, par suite de leur déformation. Les piqueurs de grès les retaillent aux différents échantillons admis par le service ;

3° Les pavés à casser qui sont ou trop petits pour être rétablis ou trop déformés pour être mis au choix, mais qui sont d'une nature de pierre assez dure pour faire du macadam ;

4° Les pavés de grès trop tendre pour être retaillés ou mis au choix, qui sont mis à part pour être vendus aux marchands de sable à raison de 8 francs le mètre cube. Ces pavés sont broyés par les acquéreurs et le sable qui en provient est vendu aux scieurs de pierre, aux limonadiers, aux lapidaires, aux polisseurs de glace, etc. ;

5° Enfin tous les pavés qui ne rentrent pas dans les catégories ci-dessus indiquées sont classés comme pavés de rebut et vendus au public ou aux communes à raison de :

100 francs les gros pavés. . . }	aux particuliers.
40 — les petits — . . . }	
70 francs les gros pavés. . . }	aux communes.
30 — les petits — . . . }	

Toutes les ventes sont faites sur demande adressée, sur papier timbré, à M. le Préfet de la Seine, et le montant en est payé à la Caisse municipale avant l'enlèvement des matériaux.

Médecins, pharmaciens, vétérinaires, sages-femmes. — 1 médecin, 2 pharmaciens, 2 sages-femmes, pas de vétérinaire.

ANNEXES

CONSEIL MUNICIPAL (1900)

(Effectif légal : 21 membres)

MM. HURE, Benoit, maire.

ÉPAULARD, Adolphe-Alphonse, 1er adjoint.

SIGOT, Ernest-Victor, 2e adj.

BRACARD, Marcel-Philippe, conseiller.

CAHAGNET, Louis, conseiller.

GOUYON, Albert-Achille, conseiller.

MOREAU, Jules, conseiller.

SCHMITT, Pierre, conseiller.

ULGEN, Jean, conseiller.

CHATELET, Eugène, conseiller.

ZAGALA, Louis-André, conseiller.

GUERRIER, Louis-Ernest-Edouard, conseiller.

DESPRÉS, Émile-Adolphe, conseiller.

PICOT, Thomas-Adolphe, conseiller.

RIGOT, Joseph-Denis, conseiller.

LOISEAU, Joseph-Désiré, conseiller.

SCHAIBLÉ, Gustave-Adolphe, conseiller.

BERLIAT, Charles-Valentin, conseiller.

N...

N...

N...

TARIF DES CONCESSIONS

DANS

LE CIMETIÈRE

(Délibération du Conseil municipal en date du 20 novembre 1861, approuvée
par arrêté préfectoral du 28 mai 1862)

CONCESSIONS PERPÉTUELLES

1 mètre superficiel	195 fr.	»
2 mètres superficiels	390 fr.	»
Chaque mètre en plus.	300 fr.	»

CONCESSIONS TRENTENAIRES

1 mètre superficiel	108 fr.	»
2 mètres superficiels.	180 fr.	»
4 mètres superficiels	400 fr.	»

CONCESSIONS DÉCENNALES

1 mètre superficiel	54 fr.	»
2 mètres superficiels	90 fr.	»

DROITS DE SÉJOUR DANS LE CAVEAU PROVISOIRE

(Délibération du Conseil municipal du 17 juillet 1891, approuvée le 8 août 1891)

La taxe municipale due pour frais de séjour dans le caveau
provisoire est ainsi fixée :

Période de 5 jours.	5 fr.	»
— 6 jours à 15 jours.	10 fr.	»
— 16 — 30 —	20 fr.	»
— 31 — 60 —	45 fr.	»
Pour chaque jour en plus	0 fr.	75

Chaque période commencée est due en entier.

TARIF DES DROITS DE VOIRIE

(Délibération du 18 octobre 1884.—Arrêté du 8 juin 1885)

CONSTRUCTIONS NEUVES

Alignement de bâtiment en maçonnerie ou en pan de bois, pour le rez-de-chaussée, par mètre de longueur de façade. . . . . 2 fr. »

Pour chaque étage en sus, par mètre de longueur de façade . . . . 1 fr. »

Alignement de mur de clôture, par mètre de longueur de façade. . . . . 1 fr. »

Alignement de mur d'appui avec grilles en fer, par mètre de longueur de façade. . . . . 1 fr. 50

Alignement de clôtures en planches, par mètre de longueur . . . . 0 fr. 30

Alignement de clôtures en treillage, haies vives ou sèches, par mètre de longueur . . . . 0 fr. 15

Exhaussement d'un bâtiment, par étage et par mètre de longueur. . . . . 1 fr. »

Exhaussement d'un mur de clôture, par mètre de longueur . . . ' . . . . 0 fr. 25

Conversion d'un mur de clôture en mur de façade d'un bâtiment, pour rez-de-chaussée, par mètre linéaire . 2 fr. »

Pour chaque étage en sus, par mètre linéaire . . . . . 1 fr. »

On déduit les droits payés pour le mur de clôture.

Saillies fixes

Barre, balcon d'appui ou support dont la saillie n'excède pas 0 m. 22, par mètre de longueur . . . . 2 fr. »

Petit balcon dont la saillie n'excède pas 0 m. 50 par mètre de longueur . . . . 4 fr. »

Grand balcon ayant plus de o m. 5o, par mètre de long.   7 fr.   »
Colonnes ou pilastres, pour rez-de-chaussée, mur de
 clôture, droit fixe. . . . .   2 fr.   »
Colonnes ou pilastres, pour chaque étage en plus, droit
 fixe . . . .   1 fr. 5o
Seuil ou soubassement, par mètre de longueur . . . .   1 fr.   »

Saillies mobiles

Auvent en bois ou en métal, par mètre de longueur . .   1 fr.   »
Marquise   —   —   . .   7 fr.   »
Bannes ou stores —   —   . .   1 fr.   »
Devanture de boutique, compris parpaing et auvent, par
 mètre de longueur . . . .   2 fr. 75
Volets, contrevents, persiennes, jalousies, barreaux et
 grilles de croisées, par mètre de longueur. . . . . .   1 fr.   »
Conduits ou tuyaux de descente, pour le rez-de-chaussée,
 droit fixe. . . . .   2 fr.   »
Conduits ou tuyaux de descente, pour chaque étage en
 plus, droit fixe . . . .   1 fr.   »
Poulies de moulinet, droit fixe. . . . .   3 fr.   »
Tableau, enseigne, écusson, abat-jour, globe d'éclairage,
 lanterne, transparent, attribut, bouchon, affiche ou
 annonce encadrée par des moulures en relief . . . .   4 fr.   »

NOTA. — Pour le remplacement des objets en saillie, il n'est
perçu qu'un demi-droit.

TRAVAUX OU RÉPARATIONS

Reconstruction partielle d'un mur de façade, y compris
 le bouchement des baies, au rez-de-chaussée, par
 mètre de longueur . . . .   1 fr.   »
Reconstruction partielle d'un mur de façade, y compris
 le bouchement des baies, pour chaque étage en plus,
 par mètre de longueur. . . . .   o fr. 5o
Bouchement des baies, au rez-de-chaussée, par mètre
 de longueur . . . . · . . . .   2 fr.   »
Bouchement des baies, au-dessus, par mètre de longueur   1 fr.   »
Redressement d'un mur de clôture, par mètre de long.   o fr. 25
Réfection d'un chaperon, par mètre de longueur. . . .   o fr. 5o
Revêtement en dalles   —   . . . .   1 fr.   »

Ravalement général d'un bâtiment, par chaque étage et
par chaque mètre de longueur. . . . .   o fr. 25

Ravalement d'un mur de clôture, par mètre de longueur   o fr. 15

Ravalement partiel d'un bâtiment, par étage et par
mètre de longueur . . . .   o fr. 10

Ravalement d'un mur de clôture pour chaque portion
de 3 mètres de longueur. . . . .   o fr. 3o

Pose d'une colonne ou poteau en fer ou en bois, droit
fixe . . . .   5 fr. »

Pose ou remplacement d'un linteau, par mètre de long.   o fr. 5o

Pose ou remplacement d'un poitrail, par mètre de long.   1 fr. 5o

Ouverture d'un soupirail, œil-de-bœuf, boîte à lait ou
aux lettres, n'excédant pas o m. 5o de superficie,
droit fixe.   1 fr. 5o

Ouverture d'une croisée, droit fixe . . . .   2 fr. »

Ouverture d'une porte bâtarde ou de cave, droit fixe. .   4 fr. »

Ouverture d'une porte charretière, droit fixe. . . . . .   8 fr. »

Ouverture d'une baie de boutique, par mètre de long.   1 fr. 75

Agrandissement, rétrécissement, déplacement de baies,
par mètre de longueur. . . . .   2 fr. »

Nota.— La longueur n'est mesurée par celle du linteau.

Droits divers

Étai, chevalement, contre-fiche, le premier mois, droit
fixe . . . .   2 fr. »

Étai, chevalement, contre-fiche, chaque mois en plus,
droit fixe . . . .   2 fr. »

Échafaud, barrière devant les travaux, par mètre de
longueur.   o fr. 5o

Dépôt de matériaux sur la voie publique, en dehors
d'une barrière autorisée, par mètre superficiel et par
mois. . . . .   o fr. 3o

Bancs, table, le mètre superficiel. .   . . . .   o fr. 25

TARIF DE L'OCTROI

(Délibération du 23 février 1898. — Décret du 18 novembre 1898)

OBJETS ASSUJETTIS AUX DROITS	MESURES et POIDS	DROITS A PERCEVOIR		
		TAXES PRINCIPALES	TAXES SPÉCIALES	TOTAL
Boissons ou liquides				
Vins en cercles et en bouteilles.	l'hectol.	o 44	o 39	o 83
Alcool pur contenu dans les eaux-de-vie, absinthes, esprits, liqueurs et fruits à l'eau-de-vie	—	18 »	2 »	20 »
Vin de liqueur, demi-droit.	—	7 50	» »	7 50
— plein droit	—	13 »	2 »	15 »
Vinaigres	—	o 87	1 13	2 »
Limonades	—	2 »	3 »	5 »
Comestibles				
Bœufs, vaches, taureaux et génisses	par tête	6 »	2 »	8 »
Moutons	—	o 75	o 55	1 30
Veaux	—	2 40	1 »	3 40
Porcs	—	1 75	1 95	3 70
Viandes dépecées :				
Bœufs, vaches, taureaux, génisses	le kilogr.	o 02	o 02	o 04
Porcs	100 kil.	2 20	2 »	4 20
Charcuterie	—	3 75	5 25	9 »
Graisses, lards et viandes salées	—	4 »	2 »	6 »
Abats et issues	—	1 50	1 50	3 »
Truffes, volailles et gibiers truffés, pâtés et terrines truffés .	le kilogr.	o 60	» »	o 60
Volailles de toute espèce et lapins domestiques	—	o 06	o 04	o 10
Huîtres ordinaires fraîches ou marinées	—	·o o5	» »	o o5
Huîtres d'Ostende et de Marennes fraîches ou marinées . .	—	o 10	» »	o 10
Gibiers	—	o 07	o 08	o 15
Beurre frais, fondu, salé ou non	100 kil.	4 »	1 »	5 »
Fromages secs	—	4 »	1 »	5 »
Conserves et fruits confits, olives, fruits secs de table, tels raisins, figues, dattes, pruneaux, etc.	le kilogr.	o 10	» »	o 10
Combustibles				
Bois à brûler :				
Dur	le stère	o 43	o 37	o 80
Tendre	—	o 35	o 30	o 65
Fagots et cotrets	le cent	1 25	o 75	2 »
Charbon de bois et ses dérivés	100 kil.	o 68	o 32	1 »
Charbon de terre, tourbe, anthracite, lignite et tous les autres combustibles minéraux	—	o 20	o o5	o 25
Cokes	—	o 22	o 08	o 30
Huiles à brûler minérales	l'hectol.	1 50	1 »	2 50
Chandelles	100 kil.	2 25	3 75	6 »
Suifs fondus	—	2 25	3 75	6 »

OBJETS ASSUJETTIS AUX DROITS	MESURES et POIDS	DROITS A PERCEVOIR		
		TAXES PRINCIPALES	TAXES SPÉCIALES	TOTAL
Combustibles (*suite*)				
Suifs bruts ou en branches.	100 kil.	1 80	3 »	4 80
Cire jaune ou blanche.	—	6 »	9 »	15 »
Bougie stéarique, acide stéarique et margarique, et autres Substances pouvant remplacer la cire.	—	10 »	.3 »	13 »
Fourrages				
Foins, sainfoins, trèfles, luzernes et autres fourrages. . . .	100 kil.	0 23	0 17	0 40
Pailles de toute espèce.	—	0 18	0 12	0 30
Avoines.	—	0 73	0 27	1 »
Sons, recoupes et tourteaux de maïs.	—	0 30	0 20	0 50
Orges	—	0 50	» »	0 50
Matériaux				
Chaux et mortier de chaux.	l'hectol.	0 13	0 12	0 25
Ciments de toute espèce	100 kil.	0 49	0 31	0 80
Plâtres.	l'hectol.	0 20	0 10	0 30
Moellons, plâtras, pavés et meulières de toutes dimensions, travaillés ou non.	m. cube	0 17	0 18	0 35
Pierre de taille :				
Dure	—	1 25	0 75	2 »
Tendre	—	1 »	0 60	1 60
Dalles et carreaux de pierre de toute espèce	—	0 13	0 12	0 25
Ardoises pour toitures.	le mille	1 50	1 50	3 »
Briques, tuiles, carreaux, mitres, tuyaux et poteries desti-nés à la construction des bâtiments	—	1 50	1 50	3 »
Argile, terre glaise, sable, gravois et cailloux.	m. cube	0 08	0 12	0 20
Bois de charpente et de menuiserie :				
Dur	le stère	1 50	1 50	3 »
Tendre	—	1 12	1 13	2 25
Bois en grume, dur	—	1 12	1 13	2 25
— tendre.	—	0 90	0 90	1 80
Carreaux et poteries de plâtre	m. cube	2 »	» »	2 »
Marbre et granit.	—	6 »	» »	6 »
Cuivre, zinc, plomb, fers, fontes, acier Bessemer et fers aciéreux de toutes espèces façonnés ou non, destinés à la construction immobilière	100 kil.	1 50	» »	1 50
Verres à vitres	—	0 75	0 75	1 50
Objets divers				
Vernis de toute espèce autres que ceux à l'alcool, blanc de céruse et de zinc, et autres couleurs, essence de toute nature, goudrons liquides pouvant être employés comme essence	100 kil.	4 »	» »	4 »
Savons de parfumerie.	—	12 »	» »	12 »
Savons ordinaires	—	4 »	» »	4 »

RENSEIGNEMENTS ADMINISTRATIFS

1. TOPOGRAPHIE, DÉMOGRAPHIE ET FINANCES

§ I. *Territoire et domaine*

§ II. *Démographie*

§ III. *Finances*

....

II. —·SERVICES PUBLICS

§ I. *Bienfaisance*

§ II. *Enseignement*

§ III. *Voirie*

§ IV. *Justice et Police*

§ V. *Cultes*

§ VI. *Services divers*

§ VII. *Personnel communal*

III. — RENSEIGNEMENTS DIVERS

ANNEXES

COMPOSÉ, IMPRIMÉ ET BROCHÉ
PAR LES PUPILLES DU DÉPARTEMENT DE LA SEINE,
ÉLÈVES DE L'ÉCOLE D'ALEMBERT
A MONTÉVRAIN

COMPARAISON

DE LA

POPULATION

ET DES

RECETTES ORDINAIRES

Relevées aux époques de Recensement

(1801 à 1896)

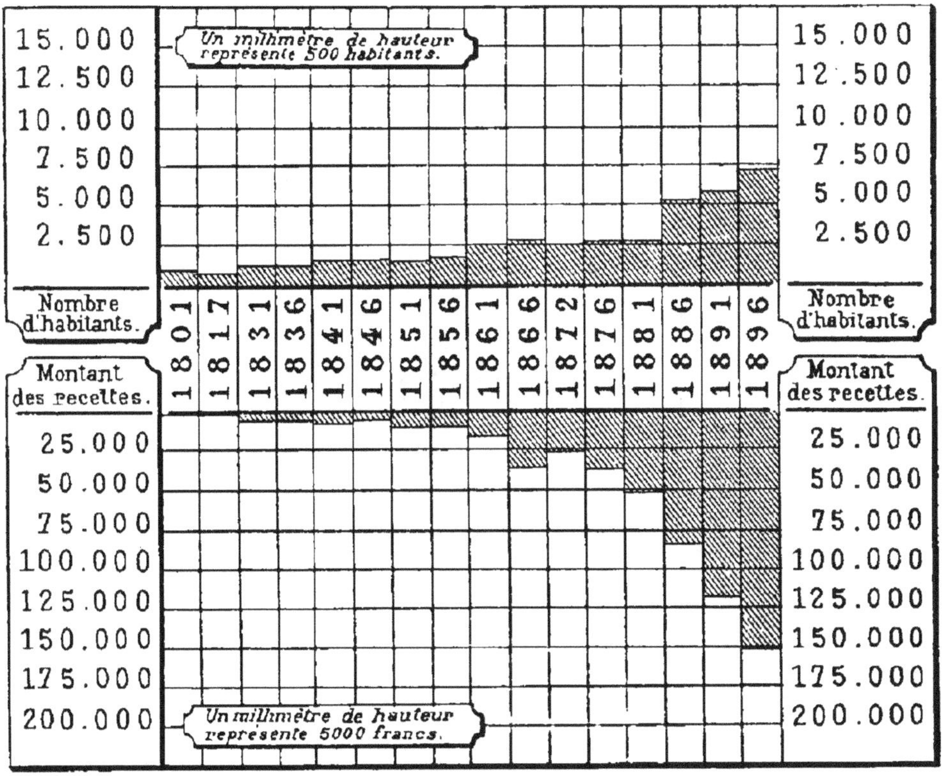

BAGNOLET

Monographie des Communes du Département de la Seine

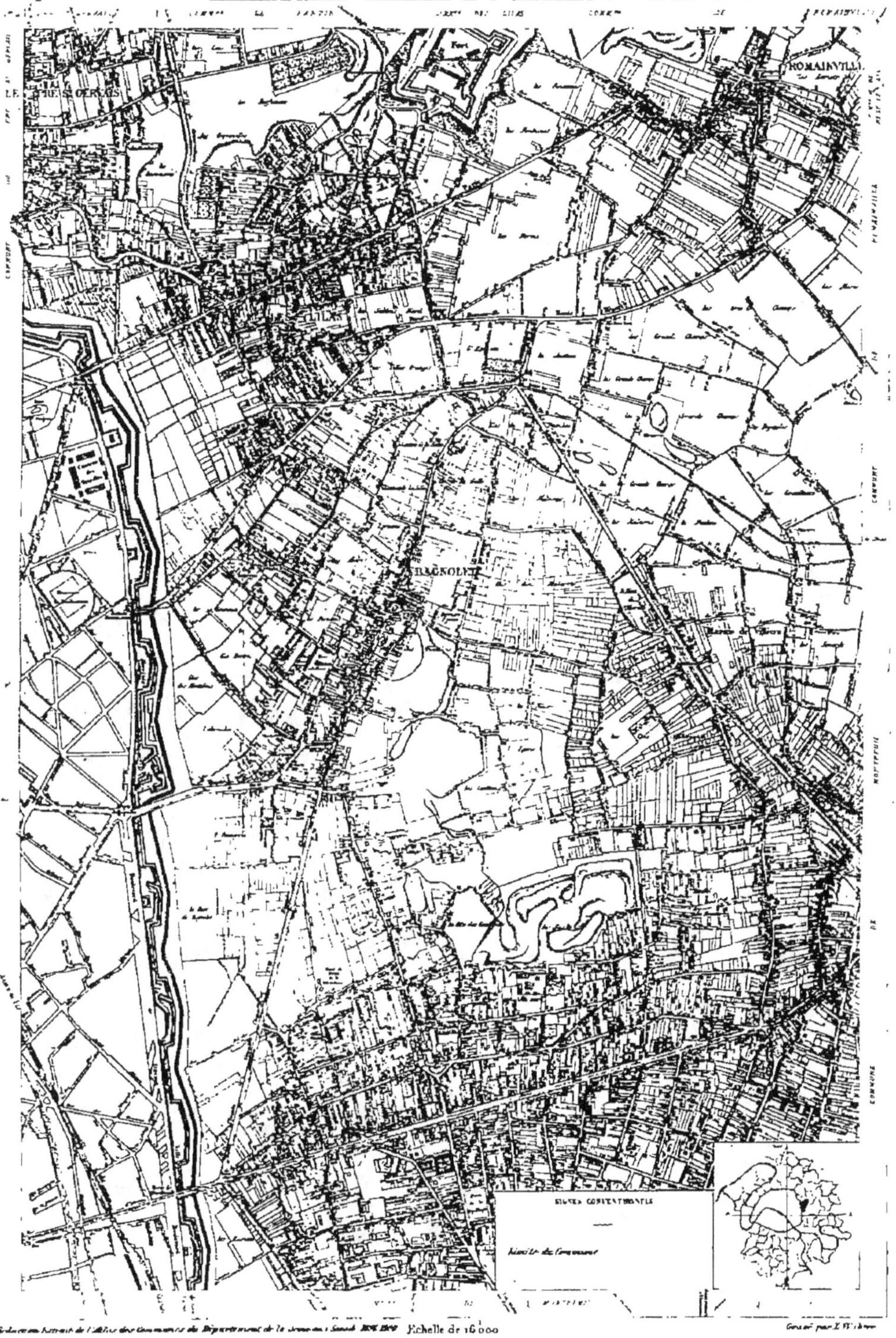
Fort
ROMAINVILLE
LE PRÉ S. GERVAIS
LILAS
BAGNOLET
SIGNES CONVENTIONNELS
Limite de Commune

Echelle de $\frac{1}{16000}$

BAGNOLET

Limites actuelles de la Commune reportées sur la Carte dite des Chasses (1764-1773)

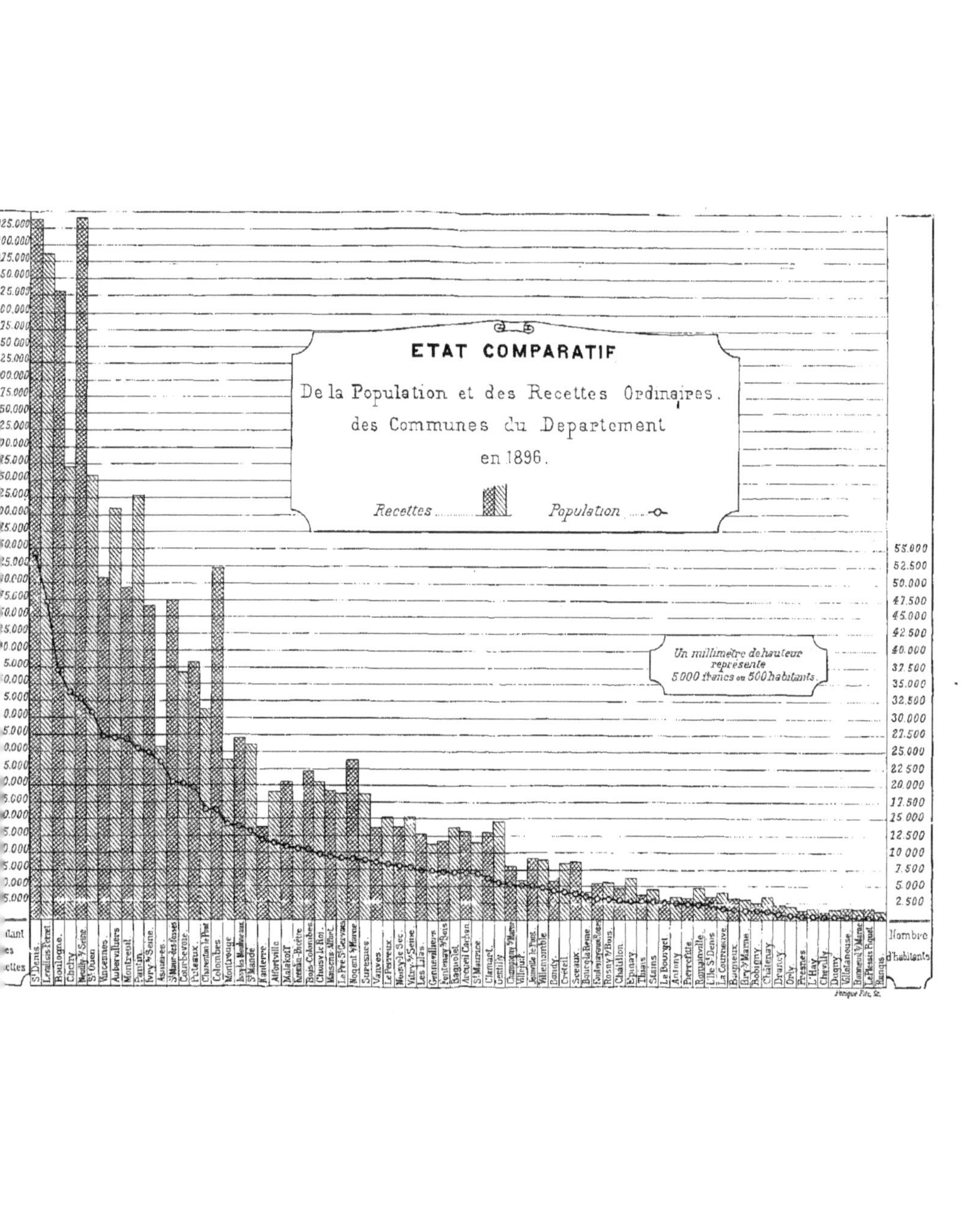

ETAT COMPARATIF
De la Population et des Recettes Ordinaires.
des Communes du Département
en 1896.
Recettes
Population
Un millimètre de hauteur
représente
5.000 francs ou 500 habitants.
Nombre d'habitants

www.ingramcontent.com/pod-product-compliance
Lightning Source LLC
Chambersburg PA
CBHW061245060726
47596CB00002B/446